Alles Gute

D1692922

farointernational41@gmail.com
www.faro.hu

Fredrick A. Rothhaar

Aus der Reihe "erlebtes Management"

Organisieren Sie sich selbst und Ihre Umwelt

20 Hilfen für ein stressfreies und erfolgreiches Leben
– privat und im Beruf –

Rick's Verlag
Budapest

Inhaltsverzeichnis

1. Setzen Sie sich Jahresziele .9
2. Analysieren Sie Ihren Stress 13
3. Trainieren Sie sich gesund .17
4. Arbeiten Sie smart - nicht hart 23
5. Planen und führen Sie mit Projektlisten 27
6. Setzen Sie Ihre Prioritäten richtig 31
7. Unternehmen Sie etwas 35
8. Erklären Sie Ihrem Schreibtisch den Krieg 39
9. Organisieren Sie alles so, wie wenn morgen
   der letzte Tag Ihres Lebens wäre 43
10. Bleiben Sie sauber 47
11. Telefonieren Sie mit System 51
12. Wieviel Briefe schreiben Sie jedes Jahr? 55
13. Wissen Sie, was jeder Tag Sie kostet? 59
14. Informieren Sie - statt totschweigen 63
15. Lassen Sie sich Lösungen bringen - nicht Probleme 67
16. Lernen Sie Sprachen leichter 71
17. Führen Sie Gespräche richtig 77
18. Nutzen Sie Körpersprache und Fragetechniken 81
19. Werden Sie ein brillanter Redner 85
20. Stellen Sie Ihr Licht nicht unter den Scheffel 91

Das Leben und die Leute, die uns umgeben, sind die besten Lehrmeister.

Dieses Buch widme ich daher all den Menschen, die in meinem Leben mit Gutem und mit Bösem zu meiner Lebenserfahrung beigetragen haben. All jene, welche mir Böses angetan haben, habe ich großmütig vergessen. Andere, solche, bei denen das Gute das Böse überwog und jene, von denen ich nur Gutes erfahren habe, sind mir in angenehmer Erinnerung geblieben.

Helmut Schwarz, ein Wirtschaftsprüfer, einer meiner ersten Mentoren. August W. Kobler, ein Vorstandsvorsitzender, viele Jahre ein Vorbild als Manager. Theodor W. Stukenkemper, Vorstand Export, ein freundschaftlicher Gruppenführer. Klaus D. Naujokat, Leiter einer Revisionsabteilung. Egon Gredig, ein Kollege. Hirohito Shirai, ein Karatemeister. Hans Imhoff, ein Lebensretter:
Viele Tage hatte ich mit extrem hohem Fieber in meiner Wohnung in Lugano gelegen. Jeden Tag rief Imhoff an. Erkundigte sich besorgt nach meinem Zustand. Dann hat er mir ein Flugzeug geschickt. Begleitet von einem Arzt und einem Sanitäter wurde ich in die Universitätsklinik nach Köln geflogen. Niemand wusste, was mir fehlte. Professor Dr. Wilhelm Krone, fand, dank seiner Sorgfalt, den Tod bringenden Virus. Hat ihn eliminiert.

Was in aller Welt bewog Imhoff dazu, mir ein Flugzeug zu schicken? Seinen Leibarzt mir zur Verfügung zu stellen?
Manche sagen, er brauchte mich. Andere haben ihm den Vorwurf gemacht, dass er unnötig Geld ausgegeben hat.

Ich bin ihm dankbar.

Teil 1.
Setzen Sie sich Jahresziele

Es gibt Menschen, die leben planlos in den Tag hinein und sind dabei glücklich.
Wenn Sie zu diesen gehören, sollten Sie nicht weiterlesen.

Oder vielleicht doch? Gibt es möglicherweise etwas, das Sie vergessen haben?
Ist das alles, was Sie vom Leben erwarten können, wenn Sie planlos jeden Tag entgegennehmen? Einfach so, wie das Leben es Ihnen schenkt? Hätten Sie in Ihrem bisherigen Leben nicht doch einiges mehr erreichen können, wenn Sie zu dem, was der Alltag Ihnen gab, etwas aggressiver, fordernder, planender gewesen wären?
Ja! Die Antwort ist: Ja! Sie können mehr aus sich machen. Sie können mit mehr Ergebnissen für sich rechnen. Sie können noch glücklicher werden.

Es gibt auch Menschen, die nicht mit sich zufrieden sind. Oder solche, die ein normales Leben führen.
Alle - ob heute schon glücklich, ob unzufrieden, ob im normalen Lebenszustand - alle können mehr erreichen. Alle können ihre Zufriedenheit mit sich selbst und mit dem, was das Leben ihnen gibt, noch mehr steigern. Sie müssen es nur wollen. Sie müssen es sich vornehmen. Sie müssen es erst einmal formulieren.

- S̲e̲t̲z̲e̲n̲ S̲i̲e̲ s̲i̲c̲h̲ J̲a̲h̲r̲e̲s̲z̲i̲e̲l̲e̲

Auch ich habe viele Jahre planlos gelebt. Dabei habe ich als Leiter eines Unternehmens jedes Jahr Pläne für das von mir geführte Unternehmen erstellen müssen. In diesen Plänen wurde formuliert, was wir für das Unternehmen für Absatz- und Umsatzzahlen erreichen wollten. Mit welchen Techniken - seien es neue Produkte, Marketing oder Märkte - wir diese Ziele erreichen wollten. Wie wir das Alte verbessern und das Neue optimal gestalten. Die Ziele, die wir uns gesetzt hatten, wurden dann erreicht. Oder nur zum Teil. Es gab Enttäuschungen. Es gab aber auch viele Erfolge. Wie schön ist das, wenn man als Geschäftsführer eines Unternehmens sagen kann: Wir sind im Plan.

Und Sie als Mensch? Sind Sie auch im Plan? Ob Mann, ob Frau, ob Student, Arbeiter, Familienvater oder Hausfrau. Sind Sie am Jahresende auch im Plan? Haben Sie erreicht, was Sie wollten? Haben Sie sich überhaupt etwas vorgenommen?

Wenn Sie das alles mit "Nein" beantworten, aber auch dann, wenn Sie sich gedanklich schon mit neuen Zielen beschäftigt haben, dann können Sie jetzt mit einer einfachen Methode Ihr Leben viel interessanter machen.
Nehmen Sie Schreibzeug und Papier. Setzen Sie sich ruhig und ungestört an einen Tisch. Denken Sie nach, was Sie gerne in diesem Jahr erreichen möchten. Schreiben Sie das auf. Das sieht dann z.B. so aus:

Meine Ziele in diesem Jahr

    1. Gesundheit
    2. Familie und Kinder glücklich machen
    3. Optimaler Einsatz in meinem Beruf

4. Freunde pflegen
5. Neue Menschen kennen lernen
6. Täglich eine Stunde lesen
7. Täglich eine Stunde bewegen
8. Regelmäßig ins Theater gehen
9. Eine neue Sprache lernen
10. Am Ende dieses Jahres mehr Geld auf der Bank haben als heute

Sie können diese Liste beliebig fortsetzen. Aber Vorsicht, allzu viele Ziele sind auch nicht gut. Sie werden ohnehin bald und spätestens am Jahresende feststellen, dass Sie nicht alle Ziele erreichen konnten.

Sie werden sich fragen, warum steht nicht das Glück meiner Familie an erster Stelle? Diese Frage ist vom Ansatz her richtig. Aber ohne Ihre Gesundheit kann auch Ihre Familie nicht glücklich sein. Im Übrigen lässt Ihnen diese Formulierung "Glück der Familie" alles offen. Seien Sie freundlicher. Kümmern Sie sich mehr um die Probleme und Wünsche. Bringen Sie mehr Geld nach Hause. Seien Sie früher, öfter, länger, lieber mit Frau und Kindern, Großeltern und Schwiegereltern zusammen.

Verwechseln Sie nicht optimalen Arbeitseinsatz mit maximalem Arbeitseinsatz. Arbeiten Sie smart - nicht hart. Das Ergebnis ist größer. Sie sind weniger belastet. Täglich zwei Stunden für Sport und Literatur. Das ist vielleicht zu viel. Aber 15 Minuten sind besser als gar nichts. Wenn Sie kein Buch lesen, dann lesen Sie doch mindestens ein oder zwei Zeitungen. Vergessen Sie nicht: Wissen ist Macht.

Freunde pflegen. Wie schändlich haben Sie das möglicherweise vernachlässigt. Rufen Sie doch in Zukunft öfter einmal an. Oder schreiben Sie einen Brief.

Etwas Neues lernen. Sie meinen, dazu sind Sie zu alt. Aber nein. Ich selbst habe sieben Sprachen gelernt. Die nächste ist Jiddisch. Zehn ist mein derzeitiges Ziel. Ich habe von einer berühmten Dame gehört. Sie hat im Alter von 76 Jahren noch Tiefseetauchen gelernt.

Und eines sollten Sie noch wissen: Wenn Sie alle diese Ziele konsequent verfolgen, dann kommt vielleicht das eine oder andere Ziel ganz von selbst zur Verwirklichung, z.B., dass Sie am Jahresende mehr Geld auf der Bank haben als heute.

Noch ein Tipp: Kaufen Sie sich ein Kalenderbuch. Schreiben Sie Ihre Jahresziele auf die Seite des 1. Januar. Das Buch werden wir dann ohnehin noch für viele neue hilfreiche Dinge brauchen.

*FAZIT: **Formulieren Sie Ihre Ziele schriftlich. Kontrollieren Sie regelmäßig, ob Sie mit Ihren Zielen im Plan sind.***

Teil 2.
Analysieren Sie Ihren Stress

Stress ist eine Belastung des Menschen. Der Körper, der Geist, die Seele und der Gemütszustand werden durch Stress geschwächt. Die Ursachen von Stress kommen aus dem privaten und beruflichen Leben, aus der Umwelt, aus eigenem Fehlverhalten.
Stress kann man vermeiden, abwehren, verringern, kontrollieren und beseitigen.

Sie können Stress vermeiden, indem Sie vorausschauen und rechtzeitig etwas dagegen unternehmen. Gehen Sie z.B. noch heute zum Zahnarzt oder zu einem Check-up. Auf jeden Fall aber dann, wenn Sie zum ersten Mal einen Zahnschmerz spüren. Dies hilft Ihnen, den Stress durch eine plötzlich notwendig gewordene Zahnbehandlung am Sonntag oder gar im Urlaub zu vermeiden. Der Motor Ihres Wagens klopft. Fahren Sie sofort in die Reparaturwerkstatt. So vermeiden Sie eine Autopanne auf der Autobahn in der Stoßzeit und vor einem wichtigen Termin. Sie wehren so den damit verbundenen Stress ab. Es gibt viele Beispiele. Finden Sie diese selbst. Gehen Sie richtig damit um.

Stress entsteht auch aus einem Konflikt. Mit dem Partner, dem Kollegen, dem Nachbarn, dem Vorgesetzten, dem oder den unterstellten Mitarbeitern. Gehen Sie offen und konstruktiv auf diese Menschen zu. Ich hatte als junger Neuling in einer Firma meinen ersten beruflichen Konflikt mit einem Kollegen. Eigentlich hatte nur er einen Konflikt mit mir. Aber das hat auch mich belastet. Der Grund lag darin, dass ich als jüngerer einem ebenfalls jungen, doch zehn Jahre älteren Mann als Abteilungsleiter vorgesetzt wurde. Das war eine unschöne, nervenaufreibende Lage. Das hat sich erst gelöst, als ich diesem Kollegen zur Kommunion seines neunjährigen Sohnes einen Blumentopf geschickt habe. So einfach ist das manchmal.

Sie hatten heute eine unangenehme Auseinandersetzung mit einem Vorgesetzten oder Untergebenen. Gehen Sie nicht nach Hause und grämen sich die ganze Nacht. Noch am gleichen Tag, bevor Sie Ihren Arbeitsplatz verlassen, müssen Sie in höflicher und freundlicher Form den Vorfall, der Sie bedrückt, mit der anderen Seite abklärend besprechen. Sagen Sie doch ganz einfach, es tut mir leid, wenn Sie etwas falsch gemacht haben. Umgekehrt wird bestimmt auch Ihr Gegenspieler sich öffnen.
Sie haben einem Kunden Kredit eingeräumt. Jetzt ist dieser in Schwierigkeiten. Er kann nicht zahlen. Warum haben Sie sich keine Gedanken darüber gemacht, als Sie den Kreditrahmen gegeben haben. Als Sie diesen vielleicht sogar noch erweitert haben. Jetzt sind Sie im Stress.

Stress, der plötzlich und völlig unerwartet auftritt, ist selten planbar. Alle anderen Stressformen können Sie beeinflussen. Dazu brauchen Sie einmal zu Anfang und regelmäßig in der Zukunft eine Stressanalyse.
Nehmen Sie Schreibzeug und Papier. Setzen Sie sich ruhig und ungestört an einen Tisch. Denken Sie nach, was Sie belastet. Schreiben Sie das auf. Punkt für Punkt.
Wenn Sie das gemacht haben, denken Sie sich aus, wie Sie jeden einzelnen Punkt abklären wollen. Setzen Sie sich dafür ein Zeitziel. Da steht dann z.B.:

Stressanalyse vom 1. Januar 2003

STRESSURSACHE	LÖSUNG	TERMIN
1. Geldmangel	Auto verkaufen und bessere Ausgabenkontrolle	sofort und laufend
2. Rückenschmerzen	Arzt besuchen	morgen
3. Übergewicht	gezielter essen, laufen	ab sofort täglich
4. Rauche zuviel	mäßigen	ab sofort
5. Ärger mit dem Mieter	sachlich besprechen oder Anwalt einschalten	bis 15. Januar
6. "Fehler" in der Steuererklärung	aussitzen und nie wieder	ab sofort
7. Keine Versicherung gegen Einbruch	abschließen	bis 15. Januar
8. Nicht vorbereitet für Arbeitsbesprechung am 2. Januar	2 Stunden Abendarbeit	noch heute

Sie sagen jetzt vielleicht, das ist doch trivial. Das ist es auch. Aber Sie haben einen Plan. Den können Sie jetzt abarbeiten.

Ich erinnere mich, ich hatte einmal auf einer meiner Stressanalyselisten 35 Stressgründe.
Das war zuviel. Das hatte auch unangenehme Folgen. Aber heute habe ich das im Griff.
Sie können das auch. Fangen Sie einfach an.

- ANALYSIEREN SIE IHREN STRESS

Noch ein Tipp: Heben Sie Ihre Stressanalysen auf. Noch besser, Sie schreiben die Analyse in Ihr Kalenderbuch. Unter dem Tag, an dem Sie die Analyse machen. Sie werden sich wundern, wie Ihre Stresspunkte sich durch die regelmäßigen Analysen verringern.

Wenn Sie nichts gegen Ihren Stress unternehmen, dann wird es zu Eskalationen kommen.
Bei Managern führt dies unter Umständen zu dem Zustand, den man in der Sprache der Amerikaner mit "Burnout" bezeichnet. "Ausgebrannt" zu sein, heißt, Ihre Anhäufung von Stress macht Sie körperlich schwach, hilflos, desillusioniert. Sie werden negativ gegen sich selbst, verfluchen Ihre Arbeit, die Menschen, welche Sie umgeben. Letztlich das Leben selbst.

Das wollen wir doch nicht. Also nochmals - fangen wir mit der Analyse an.
Wie Sie Ihren einmal erkannten Stress auch durch physische Betätigung - sei es dynamischer Sport oder Meditation in statischem Yoga - verringern können, lesen wir im nächsten Teil.

FAZIT: Das Wichtigste, um Ihren Stress zu verringern, sind zwei Dinge:
  1. Arbeiten Sie vorbeugend, sodass Stress gar nicht erst entsteht.
  2. Erkennen Sie Ihren Stress und formulieren Sie diesen mit klarer Zeit- und Zielsetzung zum Abbau des Stresses

Teil 3.
Trainieren Sie sich gesund

Diese Notizen habe ich am Strand von Varadero in Kuba geschrieben. Der Leser versteht sofort, dass ich im Urlaub war. Damit sind wir auch schon bei einer der Grundregeln für die Gesundheit von Managern und allen anderen Menschen.

Wenn Sie unter Ihren Jahreszielen noch nicht eingetragen haben: zweimal 14 Tage Urlaub - dann tun Sie das bitte jetzt sofort.

Sollten Sie ein Mensch sein, der unter ganz extremem Stress steht, dann dürfen Sie Ihre Urlaube natürlich nicht so planen, dass diese bei der Hin- und Rückreise auch mit Stress verbunden sind. Wählen Sie ein Ziel in Ihrer Nähe. Statt zwölf Stunden nach Kuba tun es auch vier Stunden nach Fuerteventura. Auch dort finden Sie kilometerlange Strände. Gestalten Sie die Reise zum Urlaubsziel schon zu einer Erholung. Die meisten Reisefluggesellschaften haben gegen Aufpreis eine Sonderklasse. Das ist dann ein angenehmes Reisen. Das sollten Sie sich wert sein.

Wenn Sie zurückkommen, bitte nicht in der Nacht vor dem neuen Arbeitsbeginn. Mindestens einen Tag früher. Ansonsten setzen Sie sich sofort wieder unter Stress.

Vierzehn Tage wirklich erholsamer Urlaub macht aus Ihnen einen völlig anderen Menschen. Sie merken das am besten daran, wie früh und wie frisch Sie in der Zeit nach dem Urlaub morgens aufstehen.

• Trainieren Sie sich gesund

Möglicherweise wissen Sie viel besser als ich, wie ein richtiges Gesundheitstraining aussieht. Möglicherweise praktizieren Sie das auch regelmäßig. Vielleicht haben Sie auch Ratgeber für Gesundheit, die mir auf diesem Gebiet weit überlegen sind. Ich beglückwünsche Sie dazu. Aber allen, die nicht in dieser Lage sind, kann ich nur empfehlen, das Gleiche zu tun, was auch ich mir zu eigen gemacht habe.

Um den Organismus in Bewegung zu bringen, esse ich am Morgen gleich nach dem Aufstehen einen Teelöffel Olivenöl - extra vergine: kalt gepresst - bester Qualität. Danach trinke ich ein Glas eines von mir selbst hergestellten Spezialgetränkes, das in einer Eineinhalbliterflasche immer zur Verfügung steht. Das ist Mineralwasser ohne Kohlensäure, gemischt mit drei Esslöffeln Apfelessig und einem Esslöffel Honig. Davon trinke ich auch während des Tages mindestens einen Liter. Im Sommer mehr.
Das Olivenöl und der Apfelessig regen Ihre Verdauung an. Der Apfelessig hilft auch überflüssige Fettablagerungen im Gewebe abzubauen. Wenn Sie einmal gesehen haben, wie ein geschlachtetes Huhn oder ein Stallhase ausgenommen werden, dann wissen Sie, wie manche Organe richtig im Fett eingelagert sind. So ist das auch beim Menschen. Das muss weg. Nicht nur der äußere Speck.

Zur Ertüchtigung Ihres Körpers brauchen Sie einen Medizinball. Für kräftige Männer sollte er ein Gewicht von 5 kg haben. Wer es sich etwas leichter machen will - oder für Frauen - für den genügt in der ersten Zeit auch ein 3-Kilo Ball. Ich besitze mehrere dieser Bälle. Zu Hause, im Büro, in meiner Zweitwohnung, im Kofferraum meines Wagens.

Es gibt vier Grundübungen:

1. Sie halten den Ball mit angewinkelten Armen vor Ihre Brust, werfen ihn etwa 30 bis 50 Zentimeter in die Höhe, fangen ihn wieder auf. Das trainiert Arme, Schultern und Bauch.
2. Sie halten den Ball diesmal mit ausgestreckten Armen vor Ihre Brust. In dieser Stellung machen Sie Kniebeugen. Das trainiert Beine und Gesäßmuskeln.
3. Sie setzen sich auf den Boden, nehmen den Ball zwischen die Füße, bewegen Ihre Beine mit dem Ball auf und ab. Das trainiert Bauch und Beine.
4. Sie halten den Ball nochmals mit angewinkelten Armen vor die Brust, bewegen Arme und Ball nach links und rechts. Das trainiert Bauch und Hüften.

Diese Übungen können Sie ausführen, während Sie die Nachrichten im Fernsehen sehen, oder im Büro nach einer Besprechung, oder auf dem Rastplatz während einer Reise mit dem Auto. Eine Anwendung mit allen vier Übungen und einer kleinen Pause nach jedem Durchgang kostet Sie maximal zehn Minuten.

Rechnen Sie einmal nach. Hundertmal jeden Morgen den 5-Kilo Ball 30 bis 50 Zentimeter in die Luft werfen und wieder auffangen. Das kostet Sie zwei Minuten am Tag. Sie bewegen in einem Jahr 180 Tonnen. Sie haben auch nach einem Jahr einen Körper, bei dem jeder Muskel aus Stahl ist. Alle Übungen bewegen neben den Muskeln auch Ihren Kreislauf, Herz und Puls. Das ist wie ein kleiner Dauerlauf. Deshalb bitte nicht übertreiben. Dafür regelmäßig durchführen.

Sie können noch mehr für Ihre Muskeln und vor allem zur Anregung des Kreislaufs tun. Ich laufe in der Woche mindestens zwei- bis dreimal durch die Budapester Berge. Eine Stunde. Am liebsten Treppen. An den anderen Tagen und zumindest auch zwei- bis dreimal mache ich zu Hause mit einer Videokassette 30 Minuten Karate-Aerobic.

Ich besitze zwar den schwarzen Gürtel der japanischen Karatedisziplin Shotokan. Aber gerade deswegen kann ich dieses Karate-Anfängeraerobicsystem auch in Karate unerfahrenen Menschen empfehlen. Laufen und jegliches Aerobictraining - solange Sie organisch gesund sind - helfen im Übrigen zum Abbau von Stress. Ein richtiges Work-Out, welches Herz und Lungen so lange stimuliert, dass ihr Körper Stoffwechsel erzeugt, wirkt Wunder. Ich habe schwierigste Stressperioden während meiner Jahre in den USA, Kanada und Italien nur deshalb so gut überstanden, weil ich neben meinen regelmäßigen Stressanalysen täglich nach der Arbeit ein schweißtreibendes Training absolvierte.

Was sonst noch? Ach ja. Essen und Trinken: Wenn Sie Alkohol mögen, dann machen Sie es sich zur Regel: Trinken Sie tagsüber nie Alkohol. Frühestens ab 18 Uhr. Auch dann natürlich nur in Maßen.

Falls Ihnen Ihr Arzt nicht etwas anderes verordnet hat, essen Sie, was Ihnen schmeckt. Aber folgen Sie den Gesetzen der Natur. Legen Sie Fastentage ein. Essen Sie zum Beispiel einen Tag in der Woche nur Reis oder gekochte Kartoffeln, ohne Salz, ohne Gewürze. Essen Sie immer viel Obst. Der Jahreszeit entsprechend. Wenn es Wassermelonen gibt, dann ist das an manchen Tagen meine wichtigste Nahrung. Trauben in der Traubenernte. Äpfel, Ananas und Apfelsinen im Winter. Alles zu seiner Zeit.

Seit mehr als vierzig Jahren mache ich Yoga, nicht exzessiv, nicht unbedingt jeden Tag, aber doch mit einer gewissen Regelmäßigkeit zwei oder drei Übungen am Tag.
Yoga ist die Lehre von der Beherrschung des Körpers, des Geistes und der Seele. Was ich hier vorschlage, sind einige Körperübungen. Diese helfen, dass Geist und Seele sich besser fühlen. Sie müssen nicht unbedingt auf dem Kopf stehen. Kaufen Sie sich ein Anfängerbuch. Fangen Sie an. Bedenken Sie auch, dass diese statischen Yogastellungen die Grundübungen sind, aus denen heraus man ruhig atmen und meditieren kann. Ruhig atmen und meditieren baut Ihren Stress ebenfalls ab.

Um Ihren Kopf zu trainieren gibt es viele Übungen. Ihre Arbeit selbst. Vielleicht spielen Sie Schach. Lernen eine Sprache. Je älter Sie sind, desto mehr sollten Sie darauf achten. Ich benutze zur Zeit einen IQ-Kalender. Der garantiert Ihnen ein tägliches Brain-Jogging. Sie fördern damit Gedächtnis, geistige Flexibilität, Konzentration, Kreativität, logisches Denken und Ihre Sinneswahrnehmung.

Fast hätte ich es vergessen: Ich esse jeden Tag eine Messerspitze Gelee Royale. Das ist die Nahrung der Bienenkönigin. Gelee Royale steigert Ihre Energien. Wenn Sie ein Mann sind, wird Ihre Frau es Ihnen danken. Wenn Sie eine Frau sind, Gelee Royale gibt Ihnen auch eine wunderbare Haut.

FAZIT: Ihre Gesundheit können Sie in vielen Fällen planen. Wichtig dabei ist, dass Sie Ihren Plan auch regelmäßig befolgen.

- TRAINIEREN SIE SICH GESUND

Teil 4.
Arbeiten Sie smart - nicht hart

Arbeiten Sie nicht hart, arbeiten Sie smart, arbeiten Sie effizient, arbeiten Sie wirksam. Nicht der maximale Arbeitseinsatz ist der beste, sondern der optimale. Wie können wir das erkennen? Wie können wir das verwirklichen?

Wir alle werden doch täglich von der Last unserer Arbeit erdrückt. Frauen, die zusätzlich zu ihrem Beruf noch einkaufen, die Kinder von der Schule abholen, putzen, den Haushalt führen. Männer, die in langen Überstunden, an Samstagen und manchmal auch am Sonntag ihre Büroarbeit erledigen, Geschäfte führen, managen.
Wie viele der Wege, die wir machen, sind umsonst. Wie viel Arbeit ist Doppelarbeit. Ist Ihnen das auch schon passiert, dass Sie sich abgehetzt haben, um am Freitagnachmittag noch rechtzeitig zu einem Geschäft, zu einer Behörde, zu Ihrem Anwalt zu kommen? Dann sind Sie dort um 15 Uhr. Sie stellen fest, dass schon um 14 Uhr geschlossen wurde. Ein einfacher Anruf hätte genügt, um diese unnötige Arbeit zu vermeiden. Was halten Sie davon, dass Ihre Frau fast jeden Tag zum Einkaufen geht? Oft schwer beladen nach Hause kommt? Mit einer Tiefkühltruhe und einem Großeinkauf einmal in der Woche, oder vielleicht gar nur einmal im Monat, hätten Sie das gelöst. Wie viele Flaschen Mineralwasser trinkt Ihre Familie? Wie schwer sind diese? Wäre es nicht einfacher, Sie lassen sich diese nach Hause bringen? Wenn Sie alle diese kleinen Dinge während unseres ganzen Lebens summieren, Zeit und Kraft addieren, dann erkennen Sie sofort, um wie viel leichter Sie sich die Arbeit machen können.

Ich hatte während meines bisherigen Arbeitslebens an 16 verschiedenen Arbeitsplätzen in neun Ländern immer nur wenige Minuten zu meiner Firma. Wie viele Menschen brauchen täglich zwei Stunden für die Fahrt zwischen Wohnung und Arbeit. Das sind in einer Woche zehn Stunden, in einem Monat 40 Stunden, in einem Jahr 480 Stunden. Während eines Berufslebens von 40 Jahren sind das 19200 Stunden - fast drei Jahre.

Natürlich kann nicht jeder sein Haus verkaufen, kann nicht jeder den Weg zu und von der Arbeit optimal gestalten. Aber ich will Ihnen nur einmal die Dimensionen aufzeigen. Rechnen Sie selbst aus, wie viel Zeit Ihres Lebens Sie für den Weg zur Arbeit brauchen.

Finden Sie selbst andere Beispiele, wo Sie Leerlauf haben, wo Sie effizienter sein können.

Die häufigsten Fälle ineffizienter Arbeit finden Sie natürlich im Berufsleben. Das beginnt mit der Ausnutzung technischer Hilfsmittel. Ich erinnere mich an die Jahre der Einführung der ersten Schreibcomputer. Obwohl in den USA lebend hatte meine damals nicht mehr so junge Sekretärin einen Horror davor, ihre althergebrachte Schreibmaschine gegen einen modernen Computer zu tauschen. Sie wollte nicht lernen, wie man mit dem Computer umgeht. Als sie dann doch dieses neue Instrument zu benutzen wusste und erkannte, wie einfach es ist, Fehler zu verbessern, statt ganze Briefe neu zu schreiben, hätte niemand ihr den Computer mehr wegnehmen können.

Ich hatte in allen von mir geleiteten Firmen eine Ruf- oder Sprechanlage auf dem Schreibtisch, ebenso ein Anschlussgerät auf dem Schreibtisch aller meiner Abteilungsleiter. Das kann man heute auch mit dem Telefon lösen. Aber es muss eine

Freisprechanlage sein. Wie einfach wird es damit, während einer Besprechung schnell mal beim Produktionsleiter, der 100 oder noch mehr Meter entfernt sitzt, nachzufragen, was heute auf welchen Anlagen hergestellt wird. Und alle Besprechungsteilnehmer hören mit. Sie brauchen das, was Ihnen der Produktionsleiter berichtet, nicht nochmals zu erzählen. Wie viele Mitarbeiter haben sich gesträubt gegen diese Sprechanlage. Sie befürchteten, die Arbeit würde entmenschlicht, man sitze im Glashaus. Aber das war manchmal nur die Angst vor zu viel direkter Kontrolle. Aber die muss auch sein. Im Übrigen gilt immer die einfache Regel, wenn bei einer neuen Sache die Vorteile die Nachteile übertreffen, dann ist die Sache gut.

Nutzen Sie alle heute verfügbaren modernen Bürotechniken. Es gibt dazu gute Berater. Der Arbeitsfluss wird beschleunigt. Wie oft haben Sie selbst und Ihre Mitarbeiter den Einsatz einer Hilfskraft mit dem Argument abgelehnt: Bis ich dem Neuling die Arbeit erklärt habe, kann ich diese schneller selbst erledigen. Aber - und das ist nicht smart - Sie machen diese Arbeit immer und immer wieder. Den Neuling lernen Sie nur einmal an. Das ist die Theorie der Mehrergiebigkeit längerer Produktionsumwege. Sie müssen einmal etwas länger und härter arbeiten. Danach aber sparen Sie Arbeit und Zeit in der Zukunft.
Beenden Sie nicht eine Arbeitsbesprechung mit vielen Teilnehmern um 17 Uhr und setzen Sie nicht eine neue Besprechung für den nächsten Tag an, wenn Sie das Ergebnis noch heute in den nächsten 30 Minuten erreichen können. Der Neuanfang am nächsten Tag kostet Sie und Ihre Mitarbeiter mindestens das Doppelte an Zeit. Beenden Sie jegliche Arbeit in einem Durchgang. Jeder zweite Durchgang zwingt Sie, sich nochmals mit dem schon Erledigten zu beschäftigen.

Vielen von Ihnen habe ich nichts Neues gesagt. Aber das ist der Vorteil dieser einfachen, aus dem Leben gegriffenen Regeln. Sie helfen Ihnen, sich einmal wieder mit grundlegenden Dingen zu beschäftigen. Den einen oder anderen habe ich vielleicht auch neugierig gemacht. Wollen Sie mehr Zeit für sich haben? Wollen Sie weniger zu tun haben müssen? Wollen Sie mehr leisten mit weniger Einsatz? Prioritäten richtig setzen? Effektivität steigern? Stress wirksam abbauen?

Wenn Sie all das erreichen wollen, müssen wir uns mit einigen Managementregeln vertraut machen. Das sind z.B.

– Wie und warum man Wochenpläne und Projektlisten wirksam erstellt

– Wie man Prioritäten setzt

– Wie man Dinge sofort erledigt

– Wie man Post und Informationen besser verarbeitet

– Wie man den Schreibtisch sauber hält

Diese Themen wollen wir in den weiteren Notizen vertiefen. Sie sollten sich aber heute schon einmal Gedanken machen, wie Sie selbst Ihre Arbeit smarter gestalten.

FAZIT: **Smart arbeiten schafft Ihnen mehr Zeit und verringert Ihren Stress.**

Teil 5.
Planen und führen Sie mit Projektlisten

Es gibt Menschen, die bezeichnen alles, was mit Planung zusammenhängt, als eine Dokumentation dessen, was man nicht erledigen wird. Gewiss liegt darin ein kleiner Kern von Wahrheit. Sei es ein Tagesplan, ein Wochenplan oder gar ein Jahresplan - dass Sie diesen Plan immer erfüllen, ist in vielen Fällen eine Illusion.
Aber ganz ohne Plan - das ist meine Erkenntnis - werden Sie letztlich nichts erreichen.

Die meisten Hausfrauen erstellen wöchentlich einen Einkaufszettel. Alle guten Manager führen in irgendeiner Weise eine Programmplanung. Geschäftsführer erarbeiten einen Jahresplan. Firmeninhaber oder die von diesen ernannten Verantwortlichen entwickeln Strategieplanungen.

Alle diese Menschen haben etwas gemeinsam. Sie wollen mit einem geschriebenen Dokument einen Leitfaden, einen Wegweiser, festlegen. Mit Hilfe dieses Papiers sollen bestimmte Ziele erreicht werden. Jeder dieser Planer verwendet als technisches Hilfsmittel zur Festschreibung seines Planes oft ganz unterschiedliche Instrumente.
Der eine benutzt ganz einfach einen Terminkalender. Der andere arbeitet nur noch mit seinem Computer. Da gibt es auch solche, welche ihre Pläne - besonders Jahres- und Strategiepläne - in Buchform erstellen.
Ich erinnere mich an einen meiner vielen Managerkollegen. Das war in Italien. Der Mann war ein Machiavelli von Statur

und Arbeitseinsatz. Kein geschulter Manager, aber ein gerissener Fuchs. Sein Unternehmen führte er mit Instinkt. Für seine Planung benutzte er kleine, quadratische Zettel aus einem Papierblock. Auf jedem Zettel stand ein Thema. Die Zettel trug er immer in seiner Jackentasche mit sich herum. Er hatte sich dieses System der Planung selbst geschaffen, vielleicht auch vom Vater oder Großvater übernommen. Ob diese Zettel letztlich das richtige Mittel zum Erfolg waren, kann ich nicht sagen. Aber die Planung an sich garantiert ja auch nicht den Erfolg. Sie kann nur ein Hilfsmittel sein. Der Erfolg selbst wird von anderen Dingen bestimmt. Die bewussten Zettel waren jedoch sicher eine Hilfe. Ein Dokument, das die Ziele festhält.

Nun, auch ich habe in meinem Berufsleben alle Formen der Planung unter Benutzung aller bekannten technischen Mittel praktiziert. Eines dieser Planungssysteme habe ich selbst entwickelt. Ich finde es besonders nützlich. Es hilft Ihnen, Ihre Arbeiten besser zu erledigen. Es hilft aber auch, Ihre Mitarbeiter besser zu führen, zu koordinieren, zu kontrollieren: Die wöchentliche Projektliste.

Die Projektliste besteht aus einem weißen Blatt Papier. Dieses liegt ständig auf Ihrem im übrigen leeren Schreibtisch. Auf dem Papier haben Sie unter dem Titel Projektliste Kalenderwoche X alle die Arbeiten aufgeschrieben, welche Sie erledigen müssen. Alle bekannten Arbeiten. Nicht nur die aus der laufenden Woche. Alles, was von Ihnen zur Erfüllung Ihrer beruflichen Aufgabe heute, morgen und in Zukunft verlangt wird. Ähnlich, wie bei der Stressanalyse aus Teil 2 - welche sehr umfangreich ist, wenn Sie viel Stress haben - wird Ihre erste Projektliste sehr lang sein, wenn Sie eine sehr beschäftigte

Person sind. Schreiben Sie unter fortlaufender Nummerierung alles auf, was gemacht werden muss. Sie haben dadurch einen Gesamtüberblick. Sie wissen, was auf Sie zukommt. In Ihrem Terminkalender, in Ihrem Computer oder sonst wo können Sie weiter planen, wie und wann Sie diese Projekte erledigen. Aber dann kommt der Clou. Am Freitagabend oder spätestens am Montag sehr früh erstellen Sie die Projektliste der neuen Kalenderwoche. Viele Arbeiten haben Sie erledigt. Diese erscheinen nicht mehr in der Liste. Neue kommen hinzu. Achten Sie besonders auf die Arbeiten, welche Sie übertragen müssen.

Am Jahresende haben Sie 52 Projektlisten in Ihrer Ablage. Oder in Ihrem Kalenderbuch auf der Montagsseite einer jeden Woche. Ein idealer Überblick über alle die Arbeiten, die in einem Jahr angefallen sind.
Wenn Sie Mitarbeiter haben, dann bestehen Sie darauf, dass auch diese für ihre Arbeiten eine Projektliste erstellen. Eine Kopie der Projektlisten Ihrer Mitarbeiter wird für Sie zu einem wichtigen Führungsinstrument. Sie ersehen daraus z.B. ob ein Mitarbeiter überlastet oder nicht ausgelastet ist. Sie sehen, wie sich ein Mitarbeiter über Wochen mit ein und demselben Projekt quält. Sie können helfend und korrigierend eingreifen. Manche Projekte befinden sich auf der Liste verschiedener Leute. Sie können leichter nachhaken, koordinieren.

Rechnen Sie damit, dass nicht alle Ihrer Mitarbeiter von den Projektlisten begeistert sind. Manche betrachten es als Kontrolle. Andere halten es für überflüssig. Oft erst im Laufe der Zeit stellen manche fest, wie hilfreich die Projektliste für die Arbeit des einzelnen ist. Ich hatte auch viele Mitarbeiter, die immer mit Stolz ihre Liste abgeliefert haben.

- PLANEN UND FÜHREN SIE MIT PROJEKTLISTEN

Die Eingangskontrolle aller Projektlisten Ihrer Mitarbeiter muss Ihnen Ihre Sekretärin abnehmen. Die Listen müssen bis 10 Uhr am Montagmorgen vorliegen.

Zu der Zeit, als ich mehrere Firmen und Werke gleichzeitig leitete, liefen diese Listen - wo immer ich war - am ersten Arbeitstag der Woche dort per Telefax ein. Natürlich habe ich nicht jede Woche alle diese Projektlisten - etwa 60 bis 70 - lesen können. Aber ich habe in regelmäßigen Zeitabständen nachgefragt. Der Mitarbeiter musste mir z.B. Punkt 3 aus der Projektliste der Kalenderwoche 10 mit all seinen Ergebnissen erklären. Das hat dem Mitarbeiter gezeigt, dass er kontrolliert wird. Das hat ihn aber auch motiviert. Er hat gesehen, dass ich mich für seine Arbeit interessierte.

Wenn Sie ein Manager sind, der mehrere Unternehmen leitet, dann ist es nützlich, für jedes Unternehmen eine getrennte Projektliste zu erstellen. Ebenso können Sie auch eine Projektliste für Ihren privaten Bereich erarbeiten und nutzen.

Um all die Dinge in Ihrer Projektliste zügig bearbeiten zu können brauchen Sie jedoch noch etwas mehr als die Liste selbst. Zum Beispiel die Fähigkeit, Prioritäten zu setzen. Darüber wollen wir uns im nächsten Teil unterhalten.

FAZIT: Seien Sie sich immer bewusst, was Sie noch alles zu erledigen haben. Das gelingt Ihnen am besten, wenn Sie es aufgeschrieben haben.

Teil 6.
Setzen Sie Ihre Prioritäten richtig

**Es kommt vor, dass jemand vor lauter Bäumen den Wald nicht sieht. Es soll auch Schuster geben, die nicht bei ihren Leisten bleiben. Andere, schlauere, haben lieber den Sperling in der Hand, als die Taube auf dem Dach.
Letztlich ist der der Klügere, welcher sich auf das Naheliegende - den Wald, das Machbare - die Schuhe, das Erreichbare - den Sperling, konzentriert.**

Das Naheliegende, das Machbare, das Erreichbare, zusammengefasst: das Sinnvolle, sind unsere Kriterien. Nur Dinge, welche in diese Kategorien eingegliedert werden können, sollten wir als wichtig betrachten und als Priorität behandeln.

In meinem ersten Buch aus der Reihe "erlebtes Management" lautet das Vorwort wie folgt: "Dieses Buch widme ich meinen Freunden Klaus ‚Mac' Zimmermann und Steve Marian. Jeder von ihnen war ein guter, praxisorientierter Manager. Als ich den Entschluss fasste, dieses Buch zu schreiben, waren beide Freunde schon lange tot.
Klaus ‚Mac' Zimmermann hatte seine Gesundheit ruiniert. Er arbeitete zu viel, trank Alkohol und rauchte. Er bewegte sich nicht genügend. War übergewichtig. Er starb plötzlich im Alter von 50 Jahren an einem Herzhinterwandinfarkt. Steve Marian hatte in seinem ganzen Leben als erste Priorität seine Gesundheit gepflegt. Jeden Tag trieb er Sport. Er trank keinen Alkohol. Er war Nichtraucher. Er starb - wie Klaus ‚Mac' Zimmermann - plötzlich im Alter von 50 Jahren ebenfalls an

einem Herzhinterwandinfarkt. Von Steve Marian stammen die Ausdrücke ‚For god's sake do something' d.h. sei aktiv und ‚Get your priorities right' d.h. wisse immer im Leben, was gerade für dich am wichtigsten ist ..."

Steve Marian war mein Verkaufs- und Marketingmanager in den USA und Kanada. Wir hatten unsere Zentrale in der Nähe von New York. Steve bereiste ganz Nordamerika. Immer, wenn er in eine neue Stadt flog, war sein wichtigstes Anliegen, ein Hotel zu finden, das einen großen Swimmingpool hatte und ein Fitnesscenter in der Nähe, welches 24 Stunden geöffnet hatte. Wenn er zurückkam, war sein erster Weg nicht ins Büro oder nach Hause, sondern wieder zum Fitness. Es ist wohl eine tragische Ironie des Schicksals - aber auch wichtig für unsere weiteren Gedanken - dass diese Priorität von Steve Marian auch sein Verhängnis wurde. Er starb nach einem Work-out hinter dem Steuer seines Wagens auf dem Parkplatz des YMCA-Fitness-Clubs in Norwalk, Connecticut.

Damit kommen wir zu einem bedeutenden Grundsatz. Was immer Sie als Priorität bezeichnen, es sollte niemals Ihre Gedanken, Ihr Handeln oder gar Ihre Gesundheit so stark binden, dass dadurch andere Dinge nachteilig beeinflusst werden.
In der Regel wird es so sein, dass schon der normale Menschenverstand Ihnen sagt, was von all den Arbeiten, welche Sie z.B. bei Ihren Jahreszielen (Teil 1), Ihrer Stressanalyse (Teil 2) oder Projektliste (Teil 5) aufgelistet haben, mit Priorität behandelt wird.
Oft wird die Priorität auch durch die Zeit festgelegt. Je näher der Termin zur Fertigstellung einer Aufgabe rückt, desto wichtiger ist es, dass wir uns damit vorrangig beschäftigen.

Ihr Umfeld sollte auch wissen, was für Sie im Moment das wichtigste ist. Automatisch werden Ihre Mitarbeiter sich darauf einstellen. Diese arbeiten Ihnen besser zu, indem sie ihre eigenen Prioritäten nach den Ihrigen ausrichten.
Wenn Sie im übrigen einem Angestellten mehrere verschiedene Aufgaben gleichzeitig geben, sagen Sie auch, welche dieser Aufgaben besonders bedeutend ist. Ansonsten erleben Sie oft eine Überraschung.

Erziehen Sie auch Ihre Mitarbeiter, dass diese generell wissen, was für Sie als Vorgesetzter oder Unternehmensleiter oder für das Unternehmen ganz allgemein Priorität hat. Es hat schon Fälle gegeben, da haben Leute begeistert und ausgiebig von irgendwelchen belanglosen Dingen berichtet. Erst zum Schluss des Gespräches kam dann beiläufig heraus, dass seit heute morgen schon die Steuerrevision im Hause ist, oder dass ein wichtiger Kunde, der bei Ihnen hohe Außenstände hat, in Konkurs gegangen ist.

Es ist selbstverständlich, dass Sie Ihre Prioritäten in irgendeiner Weise markieren. Sei es, dass diese auf Ihrem Arbeitsplan an erster Stelle stehen oder in anderer Form gekennzeichnet sind.

Nicht immer, wenn eine von vielen Aufgaben besonders wichtig ist, sollte diese mit Priorität, d.h. zuerst bearbeitet werden. Zum Beispiel, wenn diese Aufgabe besonders viel Zeit in Anspruch nimmt und die anderen Aufgaben auf Ihrer Liste schnell und leicht zu erledigen sind. Machen Sie zuerst die leichten Arbeiten. Welcher Frust, wenn Sie ständig sagen müssen, ich bin noch bei Punkt eins. Welche Befriedigung für Sie selbst und auch für den kontrollierenden Vorgesetzten, sagen zu können: Neun von zehn Punkten sind schon erledigt. Auch wenn der noch offene zehnte besonders wichtig, schwierig und langwierig ist.

Prioritäten können auch plötzlich durch äußere Einflüsse und neue Ereignisse zurückgedrängt oder gänzlich unnötig werden. Das müssen Sie erkennen. Dann kommt vielleicht der Moment, in dem Sie sagen müssen: For god's sake do something. Werde aktiv. Reagiere. Agiere. Handle. Und zwar sofort. In einer neuen, ganz anderen Situation.
Ein Thema, über das wir im nächsten Teil sprechen werden.

FAZIT: *Es ist selbstverständlich, dass bei all den Dingen, die Sie erledigen müssen, unterschiedliche Dringlichkeitsstufen bestehen. Gliedern Sie Ihre Arbeit daher richtig.*

Teil 7.
Unternehmen Sie etwas!

Es gibt Situationen, da hilft auch die beste Planung nichts. Sie werden von einem neuen unerwarteten Ereignis überrascht. Oder das, was Sie geplant haben, realisiert sich nicht. Die Arbeit, welche Sie durchführen wollten, entwickelt sich anders, wird zum Problem, zum Verlustbringer. Das sind die Momente, wo Ihr persönlicher Einsatz mehr denn je gefragt ist. Etwas wird Chefsache, Ihre Sache. Schnelles, besonnenes und konsequentes Handeln ist gefragt.

Ich erinnere mich an viele Beispiele aus meinem Leben:

In Italien wurde uns von der Gesundheitsbehörde ein Lager mit Lebensmitteln im Werte von damals zwei Millionen DM beschlagnahmt - zu unrecht.
Es drohte die Beschlagnahmung von weiteren neun Lägern. Anwälte zu finden ist in Italien kein Problem. Aber es war schon eine Aufgabe, den besten Lebensmittelanwalt zu finden und schnell einzusetzen. Wir haben einfach und sofort die zehn bedeutendsten Nahrungsmittelunternehmen im Lande angerufen. Der meist genannte Mann war Lorenzo Corte. Ein Staranwalt aus Mailand. Mit diesem Mann haben wir zunächst die Beschlagnahmung der übrigen Läger verhindert. Ein um vieles höherer Verlust wurde vermieden.

In den USA hatten wir für eine europäische Kindernahrung in acht Staaten Testmärkte eröffnet. Wir waren stolz auf unsere Distribution in den wichtigsten Supermarktketten dieser Staaten. An einem späten Nachmittag erhielt ich die Nachricht, dass im größten Supermarkt in Albany, der Hauptstadt des Staates New York, unsere Produkte aus den Regalen geräumt wurden. Auch dort hatte die Lebensmittelbehörde aus nichtigem Anlass interveniert. Uns drohte, dass am nächsten Tag die angebliche Beanstandung in einer Pressekonferenz veröffentlicht würde. Das hätte mit großer Wahrscheinlichkeit die Auslistung unserer Produkte in allen anderen Supermarktketten bedeutet. Noch in der Nacht flogen wir - ich aus Connecticut, mein Anwalt aus Washington - nach Albany. Um 7 Uhr früh waren wir bei der Lebensmittelbehörde. Wir konnten erreichen, dass bei der um 9 Uhr stattfindenden Pressekonferenz von unseren Produkten keine Rede mehr war.

Aus Belgien hatten wir einen Container Schokolade nach den USA versandt. Die Ware wurde im Hafen von New York blockiert. Befund: Mäusehaare im Produkt. Auf den ersten Blick eine Katastrophe. Zwei Tage später war ich, aus Brüssel kommend, in New York beim Zoll, anschließend bei der Food and Drug Behörde in Washington. Wir konnten beweisen, dass die "Mäusehaare" von einer Wespe stammten. Das sollte zwar auch nicht vorkommen. Aber unser guter Ruf war gerettet.

Ende der achtziger Jahre mit Beginn des ersten Krieges in Jugoslawien schuldete mir ein Kunde aus Skopje in Mazedonien 500.000,- DM. Obwohl der Kunde die Zahlung angewiesen hatte, erhielten wir kein Geld. Dieses war wegen des Krieges in der Bank eingefroren worden. Schon einen Tag, nachdem diese Nachricht eingetroffen war, machte ich mich auf den Weg. Mein Ziel war, den Geldverlust zu vermeiden.
Trotz kriegsbedingter Sperrung des Belgrader Flughafens für westeuropäische Fluggesellschaften gelang es mir, von Zürich

über Warschau nach Belgrad zu fliegen. Von dort ging es weiter nach Skopje. Eine Woche verhandelte ich mit dem mazedonischen Kunden. Die Lösung wurde ein Bartergeschäft. Ich bekam drei LKWs getrocknete Steinpilze. Wie ich diese Ware dann in die Schweiz brachte und verkaufte, ist eine andere Geschichte. Der Erlös aus dem Verkauf nach Abzug aller Kosten hat 300.000,- DM erbracht, d.h. den größten Teil der Außenstände.

In Ungarn hatten wir vier Fabriken gekauft. Das entpuppte sich zunächst als hoher Verlustbringer. Mein Vorschlag, eine der vier Fabriken sofort zu schließen, wurde realisiert. Das hat den Fortbestand der übrigen drei gesichert.

In den USA hatte mein Vorgänger seit sechs Jahren ein 1000 Quadratmeter großes Lager gemietet. Dort lagerten 100.000 Blechdosen. Das Produkt, für das diese Dosen benutzt wurden, war schon lange nicht mehr auf dem Markt. Es gab jedoch keine andere Verwendung für die Dosen. Niemand wollte das "Blech" kaufen. Kurzerhand habe ich die Dosen verschenkt. Die Lagermiete konnte so eingespart werden.

In Moskau fand ich bei meinem Arbeitsantritt einen unterschriftsreifen Vertrag für luxuriöse Büroräume in einem entsprechend luxuriösen neuen Bürohochhaus im Zentrum der Stadt vor. Die Monatsmiete war ein fünfstelliger Dollarbetrag, Ich habe die Verhandlungen sofort abgebrochen und dann in Ruhe neue Räume in einem Vorort gesucht. Die Ersparnis war beeindruckend.

Ein von mir neu eingestellter Mitarbeiter in der Schweiz war hochintelligent. Nach einer Woche wussten wir, dass er auch eine Neigung zur Schizophrenie hatte. Er musste sofort wieder gehen.

- UNTERNEHMEN SIE ETWAS

Einen anderen Mitarbeiter - Key-Account Manager - habe ich dreimal zu wichtigen Kunden begleitet. Jedesmal gab es Klagen vom Kunden über Dinge, welche unser Mann verpatzt hatte. Ich habe diesen aus der Sitzung heraus auf den Gang gebeten und für immer nach Hause geschickt. Welch eine Wirkung hatte dies auf den Kunden. Und ebenso auf meine Verkaufsmannschaft.

Die auf meinen Vorschlag gegründete Vertriebsgesellschaft in Rumänien wurde wegen hoher unerwarteter Verluste von mir auch ziemlich schnell wieder geschlossen.

Die Beispiele zeigen, dass man auch in schwierigen Situationen durch schnelles Handeln großen Schaden vermeiden kann. Destruktive Mitarbeiter müssen Sie ohne Zeitverzug entlassen, Ladenhüter entsorgen, unrentable Betriebszweige schließen. Lieber ein Ende mit Schrecken, als ein Schrecken ohne Ende.

FAZIT: **Wann immer Not am Mann ist, müssen Sie sofort etwas unternehmen.**

Teil 8.
Erklären Sie Ihrem Schreibtisch den Krieg

Es gibt Manager, die managen noch nicht einmal ihren Schreibtisch. Erklären Sie Ihrem Schreibtisch den Krieg. Versprechen Sie sich selbst, dass Sie die Anhäufung von nutzlosen Dingen und unerledigten Arbeiten um sich herum nicht mehr weiter dulden. Ihr Schreibtisch wird leer. Ihre Gedanken werden frei.

Während meiner Jahre in Italien hatte ich dort einen Wirtschaftsberater und Freund, Giancarlo Glisenti aus Verona. Giancarlo hatte seinen Schreibtisch vom Vater geerbt. Der Tisch war überdimensional groß. Er lag voller Papier: Akten, Briefe, Dokumente, Zeitungen. Sogar vordatierte Schecks konnte man in dem Wust von Unterlagen entdecken. Giancarlo behauptete, er finde alles. Im Übrigen sei sein Vater an dem Tag gestorben, an dem er diesen Schreibtisch aufgeräumt hatte. Der Tisch war nämlich damals schon in dieser Unordnung. Giancarlo ist in der Zwischenzeit auch gestorben. Möglicherweise hat sein Sohn Giovanni, der das Büro weiterführt, den Schreibtisch übernommen. Sicher ist er aber als junger, dynamischer Manager meinen Worten gefolgt, und sein Schreibtisch ist leer. Denn die Tipps, welche ich Ihnen heute gebe, habe ich schon vor 25 Jahren gelehrt.

Stellen Sie sich vor Ihren Schreibtisch. Treten Sie einen Meter zurück. Betrachten Sie alles, was darauf liegt. Dann beginnen Sie aufzuräumen.

- ERKLÄREN SIE IHREM SCHREIBTISCH DEN KRIEG

Beginnen Sie mit den Dingen, die Sie nie oder nur gelegentlich benutzen.
Kugelschreiber z.B. brauchen Sie nur einen. Sie werden überrascht sein, wie viele Sie haben. Lassen Sie auch einmal die Büromaterialien Ihrer Mitarbeiter einsammeln. Da haben manche Leute eine Sammlerwut entwickelt für Schreibutensilien, Radiergummis, Büroklammern und ähnliches. Sie stellen fest, warum Ihr Büromaterialetat überschritten ist.

Was Sie nie benutzen, werfen Sie weg. Was Sie gelegentlich benutzen, kommt in eine Schublade. Zeitungen und Bücher, die Sie irgendwann lesen wollten und dann doch nicht gelesen haben, haben nichts auf Ihrem Schreibtisch und auch nichts in Ihrem Büro zu suchen. Aktenordner sollten in einen Schrank. Ihre unmittelbare Umgebung, die Sie mit Ihren Händen erreichen können, sollte nur Dinge enthalten, welche Sie sehr oft verwenden. Wie z.B. Ihr Kalenderbuch oder Ihre Wochenprojektliste. Selbst das Telefon sollte etwas weiter weg stehen, da es im Blickbereich einen Störfaktor darstellt. Es sei denn, Sie benutzen es regelmäßig. Posteingangskörbe und Postausgangskörbe nehmen sehr viel Platz weg. Organisieren Sie diese in Schubladen links und rechts von Ihrem Stuhl.

Dann machen Sie sich an die Papiere, welche noch auf Ihrem Schreibtisch liegen. Vielleicht müssen Sie dafür einen Samstag opfern. Viele dieser Papiere haben Sie in den letzten Wochen schon mehrmals gelesen. Dann wieder zurückgelegt. Weil Sie keine Entscheidung getroffen haben. Wissen Sie, wie viel Zeit das kostet, einen Brief oder einen Bericht mehrmals zu lesen? Abgesehen von dem Platz, den es auf Ihrem Tisch einnimmt. Abgesehen von der Zeitverzögerung, welche Projekte, Anfragen, Bestellungen oder Wünsche erhalten. Abgesehen von dem Frust, den Sie bei Kunden, Partnern und Mitarbeitern erzeugen, weil Sie auf ihre Anfrage noch nicht geantwortet haben.

Bei der Durchsicht Ihrer Papiere sollten Sie vier Kriterien berücksichtigen:

1. Wegwerfen, d.h. in den Papierkorb oder Reisswolf
2. Delegieren, d.h. jemand anders in Ihrer Mannschaft bearbeitet die Akte
3. Ablegen, d.h. zu den Akten
4. Bearbeiten, d.h. Sie erledigen das selbst

Hüten Sie sich davor, etwas abzulegen, wenn es noch nicht abgeschlossen ist. Nur Vorfälle, die erledigt sind, aber dokumentiert werden müssen, dürfen in die Ablage. Ansonsten fällt das dann immer noch unter die Kategorie Bearbeiten.

Nach dieser Arbeit werden Sie feststellen, dass Ihr Papierberg schon wesentlich geringer geworden ist. Sie sind jetzt müde. An die wichtigste Aufgabe, das Bearbeiten dessen, was übrig geblieben ist, machen Sie sich am nächsten Tag.

Bearbeiten heißt, Entscheidungen treffen, Antwortbriefe diktieren, Telefonate führen. Vielleicht brauchen Sie zu all dem einen halben oder einen ganzen Tag. Sie können sich das auch erleichtern, indem Sie für einige Tage jeweils 2-3 Stunden an diesen Rückständen arbeiten. Aber nach einer Woche sollte Ihr Schreibtisch spätestens leer sein.

In der Zwischenzeit haben Sie mit dem begonnen, was Ihnen in Zukunft den Schreibtisch sauber hält. Was Ihnen zusätzlich aber auch Zeit erspart und Ihr gesamtes Arbeiten leichter macht. Das ist folgende Regel: Nehmen Sie jedes neue Dokument, jeden Brief, jeden Bericht nur einmal in die Hand. Entscheiden Sie sofort. Handeln Sie sofort. Wo Sie wirklich nicht weiter wissen, leiten Sie den Vorfall an einen Mitarbeiter weiter. Dieser soll mit dem Dokument und einer Meinung, besser noch mit einer Lösung oder zumindest mit drei Lösungsvorschlägen zu Ihnen kommen. Das Papier ist zunächst einmal vom Tisch. Beantworten Sie Briefe sofort. Das heißt, Sie haben ein Diktiergerät zur Hand oder Ihre Sekretärin sitzt bei Ihnen, während Sie die Post bearbeiten. Wo ein Telefongespräch notwendig ist, tun Sie das, wenn möglich, gleich. Nicht morgen.

Machen Sie sich diese Aufgaben des Bearbeitens von Dokumenten und der Entleerung Ihres Schreibtisches zu einem täglichen Muss. Opfern Sie dafür auch mal eine Stunde mehr am Abend. Letztlich gewinnen Sie Zeit und Platz.

Es war eine Routinefrage meines Chauffeurs, wenn ich manchmal etwas später aus dem Büro kam und in das Auto stieg: Rückstände? Meine Antwort: Keine!

Und so sitzen Sie dann jeden Tag vor einem sauberen, leeren Schreibtisch. Stellen Sie ein paar Blumen darauf. Oder ein Bild.

*FAZIT: **Nehmen Sie alles, was an Information an Sie herankommt, nur einmal in die Bearbeitung. Treffen Sie immer sofort eine Entscheidung.***

Teil 9.

Organisieren Sie alles so, wie wenn morgen der letzte Tag Ihres Lebens wäre

Manche Leute glauben, sie seien unsterblich. Zumindest benehmen sie sich so. Dabei vergessen sie oft, dass jeder Mensch eine große Verantwortung dafür hat, was nach seinem Tode geschieht.

Wir haben in den vorherigen Teilen gelernt, wie wir uns geistig und körperlich auf eine neue, besser gesteuerte Zeit in unserem Leben konzentrieren können. Wir werden gemeinsam auch in den kommenden Kapiteln noch viel lernen, womit wir leistungsfähiger werden. Ihnen steht eine große Zukunft bevor.

Wir sollten jedoch jetzt, bevor wir weiter Neues lernen, einmal innehalten. Was ist, wenn Sie morgen nicht mehr sind? Zu oft schon hat jeder von uns vom plötzlichen Ableben eines Menschen gehört. Das kann auch uns passieren.
Haben Sie schon einmal darüber nachgedacht, was dann geschieht? Haben Sie Anweisungen gegeben? Sonstige Vorbereitungen getroffen, damit nach dem Schock über Ihren Tod alles weiter läuft? Damit Ihre Hinterbliebenen wissen, was sie zu tun haben? Damit Ihre Familie versorgt ist?
Wenn nicht, dann fangen Sie jetzt damit an. Vielleicht fällt Ihnen selbst ein, was alles für diesen Moment vorbereitet werden muss. Sicher hilft Ihnen dabei aber auch das folgende Programm.

- ORGANISIEREN SIE ALLES SO, ...

Legen Sie sich als Erstes einen Notfall-Ausweis zu, den Sie immer bei sich tragen. Dort ist z.B. Ihre Blutgruppe eingetragen. Oder, ob Sie Organspender sein wollen. Aber auch die Namen und Telefonnummern derer, welche von Ihrem Unfall als Erste erfahren oder nach Ihrem Ableben als Erste benachrichtigt werden sollen. Das ist besonders wichtig, wenn Sie allein in einer großen Stadt leben. Wenn Sie Familie haben, dann sollte die Fürsorge für Ihre Frau und Kinder das Wichtigste sein. Mit Lebensversicherungen und Ausbildungsversicherungen können Sie hier heute ein breites finanzielles Spektrum abdecken, Sicherheit geben. Achten Sie auch darauf, besonders wenn Sie beruflich viel reisen, dass Ihre Firma Ihnen als Vertragsbestandteil eine Unfall- und Lebensversicherung gewährt. Diese muss zugunsten Ihrer Familie ausgeschrieben sein.

Ein Testament ist nicht etwas, das die Großeltern schreiben. Jeder - auch junge Menschen - sollten zumindest auf einem Handzettel, in einem Brief, oder natürlich am besten auf einem vom Rechtsanwalt oder Notar bezeugten Dokument hinterlassen, wie sie alles regeln wollen. Wollen Sie verbrannt werden oder wünschen Sie ein traditionelles Begräbnis? Wo soll das stattfinden? Wo wollen Sie begraben sein? Welche Musik wünschen Sie sich für die Trauerfeier? Was hinterlassen Sie? Wo sind die Schlüssel für welche Fächer und Schränke? Der Code für Ihren Safe, zu Hause, im Büro, in der Bank? Haben Sie vielleicht ein Bankkonto, von dem niemand etwas weiß? Wo ist das? Verstecken Sie Bargeld nicht irgendwo, ohne das schriftlich zu beschreiben. Geben Sie klare Anweisungen, wer was von Ihren Wertsachen, Sammelstücken und Kleidern erhalten soll.

Alle Ihre Anweisungen sollten Sie bei Ihrem Anwalt hinterlegen. Zumindest in einem auffindbaren Briefumschlag an sicherem Ort. Policen über Lebensversicherungen und sonstige, in denen die Begünstigten klar genannt sind mit Anweisungen, an wen Ihre Frau sich wenden kann, sollten ebenfalls bekannt und leicht zugänglich sein.

Schließen Sie auch eine Versicherung für die Kosten Ihres Begräbnisses ab. Nichts ist schlimmer, als wenn selbst dafür kein Geld vorhanden ist.

Mit all dem decken Sie schon einen großen Teil Ihres privaten Bereiches ab.

Im beruflichen Bereich gibt es Routinesachen, die in Ordnung sein sollten. Zum Beispiel Ihr Schreibtisch und die Akte mit unerledigten Dingen. Wenn Sie bisher gut mitgearbeitet haben, dann stellt das kein Problem dar. Ihr Schreibtisch ist in Ordnung, Sie haben keine Arbeitsrückstände. Wenn Sie nicht mitgearbeitet haben, dann ist das unter Umständen peinlich. Schauen Sie sich Ihren Schreibtisch doch einmal an. Ist es Ihnen recht, wenn da morgen jemand anders reinschaut?

Neben den Routinesachen ist natürlich das Existentielle am wichtigsten. Sind Ihre Mitarbeiter, Stellvertreter vorhanden und geschult für die Selbstständigkeit? Läuft Ihr Bereich, Ihr Unternehmen auch weiter ohne Sie? Ist die Zukunft garantiert? Ein guter Manager kann es sich leisten, zu sterben. Trainieren Sie das, indem Sie zunächst einmal in Urlaub fahren. Das tut Ihrer Gesundheit gut - und es verlängert Ihr Leben.

FAZIT: *Jeder wünscht Ihnen ein langes Leben. Seien Sie sich jedoch immer der Tatsache bewusst, dass jeder neue Tag auch Ihr letzter sein kann.*

- ORGANISIEREN SIE ALLES SO, ...

Teil 10.

Bleiben Sie sauber

Korruption, Bestechung, Schmiergelder. Es vergeht kein Tag, an dem wir nicht von neuen Skandalen in Politik und Wirtschaft hören. Wenn Sie sauber bleiben wollen, dann wird Ihnen dies heute oft sogar schwer gemacht.

Die beste Methode, Geld von Lieferanten, Dienstleistern und sonstigen als Zusatzverdienst zu bekommen, ist meiner Meinung nach folgende: Sie bedienen sich eines Dritten. Nehmen wir den Fall, Ihre Einkaufsabteilung hat für einen Großauftrag Angebote von drei Lieferanten erhalten. Natürlich müssen Sie im Interesse des Unternehmens, das Sie vertreten, das optimale Angebot auswählen. Aber jetzt wollen Sie von der Auftragssumme einen Prozentanteil für sich. In Liechtenstein. Oder in der Schweiz. Vielleicht auch in bar. Sie selbst sind sich für so etwas zu fein, zu anständig. Sie sollten sich gar nicht in die Gefahr begeben, mit dem potentiellen Lieferanten in Kontakt zu treten. Keine separaten Treffen. Kein gemeinsames Abendessen. Kein Telefonat. Ein "Freund" von Ihnen erledigt das. Er kontaktiert den Lieferanten. Anonym. Teilt ihm mit, dass er in der Lage ist, den Auftrag für den Lieferanten an Land zu ziehen. Nennt die Bedingungen. Sie kommen überhaupt nicht ins Spiel.
Der Freund muss, wie Sie, ein abgebrühter Bursche sein. Er bekommt seinen Teil. Wartet schon auf den nächsten Auftrag. Ihr Anteil, der größere, ist in Liechtenstein.

• BLEIBEN SIE SAUBER

Hüten Sie sich davor, dass dieser so genannte dritte Mann zu sehr in Ihrem Umfeld erscheint oder Ihnen nahe steht. Auf keinen Fall sollten Sie diese Rolle Ihrer Frau oder Geliebten überlassen. Bei einer Konfrontation wird der dritte Mann zu einer Person, die Sie zwar kennen. Das kann nämlich bewiesen werden. Aber Sie stempeln ihn zum Trittbrettfahrer. Sie lassen ihn fallen. Sie selbst bleiben sauber.

Nun, dieses Szenario ist frei erfunden. Ich kann mir vorstellen, dass wer immer diese Dinge tut, sei es persönlich oder über den dritten Mann, eine ganze Menge Unrecht und Stress auf sich lädt. Sauber sein hat daher eine ganz andere Bedeutung.

In meiner ersten Position als junger Geschäftsführer in Italien fand ich um mich herum einen Sumpf von Bestechlichkeit vor - vom Chauffeur bis zum Verkaufsdirektor.

Dann bekam ich Besuch von einem fernen Verwandten aus Deutschland. Der Onkel war Pfarrer. Als ich ihm am ersten Abend von dieser Situation erzählte, war seine lakonische Antwort: Da hilft nur mit den Wölfen heulen und auch ein Spitzbub sein. Ich war sprachlos. Das rät ein Pfarrer. Nun, der Onkel hat seinen Fehler auch erkannt. Bei seiner Abreise hat er mir tief in die Augen geschaut. Dabei sagte er: Junge, bleib sauber. Was ich mein ganzes Leben auch geblieben bin.

Sauber bleiben, das beginnt damit, dass Sie selbst, obwohl Sie Ihre Kunden laufend einladen und beschenken, sich nicht von Lieferanten einladen und beschenken lassen.

Sauber sein, das heißt auch, dass Ihre Reisekostenabrechnungen unantastbar sind. Das haben Sie doch nicht nötig. Wenn Sie z.B. Ihre Frau zu einer von Ihrer Firma bezahlten Bewirtung mitnehmen, dann setzen Sie dafür einen Eigenanteil ab. Flugtickets oder sonstige Reisebelege für Ihre Frau können

Sie zwar über Ihre Firma kaufen. Aber Sie zahlen die Kosten dafür persönlich in die Firmenkasse ein. Schreiben Sie dazu eine Aktennotiz an den Buchhalter. Heben Sie die Quittung auf.

Der Wirtschaftsprüfer eines Unternehmens, für welches ich arbeitete, hat einmal in einem Sonderbericht geschrieben, dass trotz eifrigen Nachforschens in meinen Reisekostenabrechnungen nichts Nachteiliges gefunden werden konnte. Der Bericht wurde zwar sofort zurückgezogen, der Wortlaut gestrichen. Aber der Vorfall zeigte, dass hier ein Auftrag vorgelegen hatte, wenn möglich, etwas zu finden. Das hat der übereifrige Prüfer mit seiner stümperhaften Formulierung verraten.

Sauber bleiben, das heißt auch, dass Sie nichts, was der Firma gehört, privat benutzen, ohne dafür privat zu zahlen. Dazu gehören auch Telefon und Briefpapier.

Mir wurde einmal vorgeworfen, dass einer meiner Chauffeure auch auf privater Ebene für mich tätig sei. Für mich einkauft Sonstige Botengänge macht. Meine Freundinnen morgens nach Hause gefahren hat. Alles Dinge, welche bei vielen Firmen als Selbstverständlichkeit gestattet sind. Aber wenn es in die Grauzone kommt und jemand Ihnen böse will, dann haben Sie auch hier Probleme. Ich habe damals für die private Nutzung meines Fahrers freiwillig und aus eigener Initiative 20.000,- DM in die Firmenkasse eingezahlt. Das soll mal jemand nachmachen. Aber ich wollte sauber sein.

Hüten Sie sich davor, in irgendeiner Weise Geld, das der Firma gehört, für eigene Zwecke zu nutzen. Auch nicht vorübergehend und für kurze Zeit. Mir hat einmal in Moskau eine Werbeagentur einen Umschlag mit 3000,- US-Dollar auf den Schreibtisch gelegt. Als Anerkennung. Ich habe meinen russischen Geschäftsführerkollegen und die Buchhalterin gerufen. Diesen habe ich im Beisein des überraschten Agenturleiters das Geld für die Kasse übergeben.

In Ungarn habe ich bei einem privaten Abendessen eine Dame kennen gelernt, welche bei einer Firma für Büromaterial arbeitete. Als diese hörte, dass ich ein großes Unternehmen leitete, bat sie mich, ihr doch einen Termin bei meiner Einkaufsabteilung zu verschaffen. Gerne, sagte ich, wir sind immer an neuen guten Preisen interessiert. Darauf ihre lakonische Antwort: Sie bekommen auch fünf Prozent. Ich habe die Dame nie kommen lassen. Denn wie mir, so hätte sie sicher auch meinem Einkäufer ein solches Angebot gemacht. Aber der Vorfall zeigt, wie stark wir von Möglichkeiten für schnelles Geld umgeben sind.

Als Krisenmanager wechsle ich in der Regel alle zwei Jahre zu einem anderen Unternehmen. Der Weggang vom bisherigen Unternehmen ist immer ein freundliches Verabschieden mit Dank und Anerkennung für meine Arbeit.

Einmal bin ich auf einen bauernschlauen Auftraggeber gestoßen. Der wollte nicht zahlen, was vereinbart war. Er versuchte es mit einer Revision aller meiner Geschäftstätigkeiten. Diese hat drei Monate gedauert, ohne Erfolg. Das heißt, man hat nichts Nachteiliges über mich gefunden. Eine solche Revision kann jedem passieren. Aber wie ruhig kann man in solchen Momenten schlafen, wenn man sauber ist.

*FAZIT: **Ob im Beruf oder im privaten Leben, lassen Sie sich nie etwas zu Schulden kommen. Das erspart Ihnen viel Belastung.***

Teil 11.
Telefonieren Sie mit System

Der Gesetzgeber schreibt vor, dass die meisten Dokumente, auf denen Geschäftsvorfälle aufgezeichnet sind, für 10 Jahre oder auch länger aufgehoben werden müssen. Es ist interessant, dass sich um den Inhalt von Telefonaten, bei denen ja auch Geschäftsvorfälle stattfinden, niemand kümmert.

Wir wollen hier jetzt nicht eine Lanze brechen dafür, dass Telefonate registrierungs- und archivierungspflichtig werden. Aber liegt in der Frage nach Aufzeichnung nicht ein gewisser Sinn? Die Archivierung von Dokumenten hat zwar in erster Linie den Zweck, Unterlagen für Prüfungen von externen Behörden zu sichern. Aber sie dient auch der eigenen Sicherheit. Dann, wenn wir vergangene Sachverhalte rekonstruieren wollen, wieder ins Gedächtnis rufen müssen. Wissen Sie z. B. mit wem Sie am 16. März 1998 telefoniert haben.

Unfreiwillig werden unsere Telefonate registriert, wenn man uns abhört. Ich erinnere mich an die ersten Jahre in Ungarn nach der Wende. Die größte Sorge meines damaligen ungarischen Mitgeschäftsführers war, dass man unsere Telefongespräche mitschneidet. Als erfahrener Eliteparteigenosse hatte er sicherlich seine Gründe, das anzunehmen.

In Italien hatte ich einen Mitgeschäftsführer, der, wenn man vor seinem Schreibtisch saß, die rechte Schublade öffnete. Das betätigte den Mechanismus eines Aufnahmegerätes, das unter dem Schreibtisch gegenüber dem Davorsitzenden instal liert war. Die gesamte Unterhaltung wurde aufgezeichnet. Wer so weit geht, der hört auch Telefone ab.

Während meiner Jahre in den USA habe ich selbst meine eigenen Telefongespräche mitgeschnitten, wenn es um wichtige Dinge ging. Das notwendige Gerät konnten Sie in jedem Elektrogeschäft kaufen.

Wenn man von solchen Dingen spricht, dann kommt automatisch die Frage nach dem Schutz der Privatsphäre. Nach Ethik. Wie weit darf man gehen, ohne den anderen zu kompromittieren. Wo liegen die Grenzen zwischen Erlaubtem und Nichterlaubtem.
Das beginnt schon, wenn Sie ein Telefon mit angeschlossenem Lautsprecher haben. Ein Auftraggeber von mir, mit dem ich regelmäßig telefonierte, hatte die unangenehme Eigenart, dass er im Beisein anderer Leute seinen Lautsprecher einschaltete, ohne Sie darüber zu informieren. Allein schon die Höflichkeit verlangt, dass man sagt: Ich schalte jetzt auf Lautsprecher. Herr X hört mit. Ansonsten kann es Ihnen passieren, dass Sie Herrn X als einen Dummkopf bezeichnen, ohne zu wissen, dass dieser neben Ihrem Gesprächspartner sitzt und mithört. Das ist peinlich. Auch wenn Sie vielleicht im Recht sind.

Nun, ich propagiere nicht das konsequente Mitschneiden von Telefongesprächen.
Ich habe auch keine Sammlung von Bändern mit dem exakten Wortlaut meiner Telefonate der letzten 20 Jahre. Aber ich besitze eine Sammlung von beschriebenen Ringbüchern. Dadurch kann ich Ihnen genau sagen, mit wem ich am 16. März 1998 oder an jedem beliebigen anderen Tag telefoniert habe.

Sie brauchen ein stabiles, dickes Ringbuch. Es muss deshalb stabil sein, weil Sie es in der Regel ein bis zwei Jahre auf Ihrem Schreibtisch liegen haben und täglich benutzen. Ein Ringbuch ist deshalb am geeignetsten, weil es aufgeschlagen nicht umblättert wie ein Kalenderbuch oder ein sonstiges Heft. Wenn Ihr Telefon läutet, dann nehmen Sie Ihren Schreibstift in die Hand. Heben den Hörer ab. Der Teilnehmer meldet sich. Während Sie diesen begrüßen schreiben Sie automatisch auf der linken Seite des Ringbuchblattes das Datum und den Namen des anrufenden Gesprächspartners. Während des Telefonats schreiben Sie in Stichworten den Inhalt Ihres Gespräches auf. Hüten Sie sich davor, Männchen zu malen. Zwingen Sie sich zu einer gewissen Genauigkeit und Sauberkeit. Das alles tun Sie, während Sie telefonieren. Das kostet Sie keine Minute extra. Am Ende des Tages haben Sie nacheinander, mit dem Datum des betreffenden Tages gekennzeichnet, alle Telefonate und deren wichtigste Inhalte aufgeschrieben.

Wenn ich jemanden anrufen will, dann schreibe ich das entsprechend auch in dieses Buch. Beispielsweise am Morgen plane ich für den Tag fünf verschiedene Gespräche.
Ich notiere mit Datumsvorzeichen und mit gewissem Abstand die Namen der fünf Personen, die ich anrufen will. Unter den Namen schreibe ich mit einem Stichwort das oder die verschiedenen Themen, welche ich besprechen will. Das hilft Ihnen auch, das Telefonat zügig zu erledigen, ohne ein Argument zu vergessen. Wie oft passiert es Ihnen ansonsten, dass Sie sagen müssen: Ach, das hätte ich noch besprechen müssen. Wenn ein Teilnehmer, den ich anrufe, nicht erreichbar ist, dann notiere ich neben seinem Namen die Uhrzeit, z.B. 10.05 Uhr oder 16.21 Uhr.

- T̲E̲L̲E̲F̲O̲N̲IEREN SIE MIT SYSTEM

Nichts hat meine Partner oder Kollegen immer mehr überrascht, als wenn ich sagen konnte: Ich habe Sie am 16. März um 10.05 und 16.21 Uhr angerufen. Sie waren nicht da. Aus der Reaktion meines Partners konnte ich erraten, was er dachte: Woher weiß der das so genau.

FAZIT: *Sie können sich die Arbeit oft erleichtern mit einfachen Systemen. Dazu brauchen Sie keine Hochschule und auch keine ausgeklügelten Computersysteme.*

Teil 12.
Wieviel Briefe schreiben Sie jedes Jahr?

Trotz Computer, E-Mail und SMS - der geschriebene Brief ist zur Zeit immer noch ein wichtiges, oft genutztes Mittel der Kommunikation. Wieviele Briefe schreiben Sie in einem Jahr? Wo legen Sie diese gut auffindbar ab? Die Antwort auf diese Fragen bekommen Sie mit einem einfachen System.

Sie haben möglicherweise eine ausgezeichnete Ablage. Nach Sachgebieten, nach Personen oder Firmen. Oder ganz einfach nach dem Alphabet. Wenn Sie einen Brief schreiben, dann behalten Sie eine Kopie. Diese legen Sie ab in der Akte des Empfängers oder unter dem Betreff des Briefes oder auf Wiedervorlage. Sie haben viele Möglichkeiten. Das ist die gängige Praxis und richtig.

Aber ist Ihnen auch schon passiert, dass Sie plötzlich eine Briefkopie nicht mehr gefunden haben? Entweder ist diese ganz verloren gegangen. Oder Sie wissen nicht mehr, unter welcher Akte Sie diesen Brief abgelegt haben. Wie viele Briefe schreiben Sie eigentlich in einem Jahr? Müssen Sie jetzt nachrechnen? Sind es 100 oder 1000 oder noch mehr? Das ist doch interessant zu wissen. Wäre es nicht schön, diese Zahl jederzeit abrufbereit zu haben? Würde es Ihnen nicht eine gewisse Selbstzufriedenheit geben, sagen zu können, in 2001 habe ich 847 Briefe geschrieben und vor fünf Jahren, also in 1996 waren es 460 und in diesem Jahr sind es schon nach sechs Monaten 500.

Das ist zwar nicht lebenswichtig für Ihre Geschäfte, aber es verbessert Ihre Organisation.

- WIEVIEL BRIEFE SCHREIBEN SIE JEDES JAHR?

Jeder Brief hat einen Briefkopf. Darin steht Ihr Firmenname, der Name des Empfängers, das Datum, an dem Sie diesen Brief schreiben. Vergessen Sie nicht, dort auch den Betreff anzugeben. Der Betreff ist besonders wichtig, weil Sie damit dem Empfänger mit einem Stichwort sagen, worum es in Ihrem Brief geht. Oder auf welches Schreiben des Empfängers Sie mit diesem Brief antworten.

Dann kommt der Inhalt des Briefes. Den gestalten Sie nach Ihren Formulierungskünsten.

Jeder Brief braucht einen Schluss. Das ist Ihre Unterschrift und möglicherweise ein PS-Zusatz. Oder die Nennung von Anlagen, falls der Brief diese enthält.

Bei Ihrer Unterschrift achten Sie darauf, Ihren Namen mit Maschine zu schreiben. Darunter unterschreiben Sie mit Hand. Oft ist das auch ein Kürzel. Auf jeden Fall ist die Unterschrift in den meisten Briefen nicht lesbar. Wie viele Briefe, besonders auch Weihnachts- und sonstige Glückwunschkarten werden versandt und der Empfänger kann nicht entziffern, wer denn jetzt überhaupt diesen Brief oder diese Karte unterschrieben hat.

Bei Ihrem maschinenschriftlichen Namen müssen Sie den Vornamen voll ausschreiben. Nur so kann ein Empfänger, der Sie nicht kennt, ersehen, ob Sie Mann oder Frau sind.

Insbesondere meinen weiblichen Mitarbeitern habe ich oft gesagt, unterschreiben Sie nicht mit A. Müller, sondern mit Angelika Müller. Angelika oder jeder andere weibliche Vorname klingt doch so schön und verfeinert den Brief. Auch erspart das ein unangenehmes Gefühl, wenn der Empfänger des Briefes, welcher Frau Angelika Müller nicht kennt, antwortet mit: Sehr geehrter Herr A. Müller, statt mit: Sehr verehrte Frau Angelika Müller.

Wenn Sie einen Zusatz schreiben, dann tun Sie das unter PS.

Das ist die Abkürzung für das lateinische Wort Postskriptum und bedeutet, dass Sie nach dem Geschriebenen noch etwas besonderes schreiben. Ein PS eignet sich immer, wenn Sie noch etwas Wichtiges sagen wollen. Zum Beispiel PS: Wir haben auch samstags geöffnet, oder PS: Sie können mich jederzeit auch abends anrufen.

Wenn Sie Ihrem Brief etwas beilegen, dann benennen Sie das unter dem Wort Anlagen am Ende des Briefes. Schreiben Sie immer, wie viele Seiten Sie beilegen. Also etwa Anlage: 3 Seiten oder nennen Sie den Gegenstand, also etwa Anlage: 1 Scheck über 1000 US $.

Jetzt fehlt Ihnen nur noch das System, mit dem Sie alle am Anfang gestellten Fragen beantworten können. Das ist eine einfache fortlaufende Nummerierung Ihrer Briefe.

Diese können Sie am Briefkopf neben dem Datum oder am Briefende in einer Ecke anbringen.

Dann bedeutet z.B. 1/03, dass dies der erste Brief im Jahr 2003 ist. Oder 1001/02 am Ende des Jahres 2002, dass Sie in diesem Jahr tausendundeinen Brief geschrieben haben. Geben Sie allem, was Sie schreiben, diese fortlaufende Nummerierung. Also auch Aktennotizen, Berichten und so weiter. Eine Kopie Ihres Schreibens legen Sie in Ihrer am Anfang genannten Ablage ab. Eine weitere Kopie kommt in den chronologischen, d.h. fortlaufenden Briefordner. Ihre Sekretärin muss darauf achten, dass dort eine lückenlose Nummerierung abgelegt ist. Damit ist gesichert, dass jedes Dokument, welches Sie geschrieben haben, vorhanden ist. Auch wenn Sie die erste Kopie eines Briefes in der Sachablage nicht mehr finden, in der chronologischen Ablage ist der Brief ganz bestimmt. Mit einem Blick auf die chronologische Nummer des letzten Schriftstückes wissen Sie auch, wie viele Briefe Sie in diesem Jahr schon geschrieben haben.

- WIEVIEL BRIEFE SCHREIBEN SIE JEDES JAHR?

Ich besitze zehn Aktenordner mit allen Briefkopien der letzten zehn Jahre. Auf jedem Ordner steht neben der Jahreszahl die Nummer des letzten Briefes des betreffenden Jahres. Das können Sie auch haben.

FAZIT: *Die Einfachheit ist bestechend: systematisch, fortlaufende Nummern, chronologische Ablage.*

Teil 13.
Wissen Sie, was jeder Tag Sie kostet?

In unserer heutigen Welt sind im privaten Leben die Suche nach immer mehr Freizeit und Vergnügen und im beruflichen Leben die Ausweitung der Unternehmensaktivitäten oft die vordringlichsten Ziele. Wer dabei die Kostenseite zu sehr vernachlässigt, erlebt meistens eine böse Überraschung.

Was kostet Sie jeder Tag? Die wenigsten Manager wissen das von ihrem Unternehmen. Die wenigsten Menschen wissen das in ihrem privaten Bereich.
Dabei ist das eine ganz einfache Rechnung. Nehmen Sie die Jahresergebnisrechnung Ihrer Firma und teilen Sie die dort genannten Gesamtkosten durch 365 Tage.
Nehmen Sie Ihre privaten Kosten eines Monats und teilen Sie diese durch 30 Tage. Das Ergebnis ist überraschend. Man macht sich oft keine Gedanken, was das Unternehmen so an einem Tag kostet. Wie viel man im privaten Bereich an einem Tag ausgibt. Ich bin der Meinung, dass man, wenn man sich diese Zahl verdeutlicht, plötzlich kostenbewusster werden kann.

Was tut man, wenn man kostenbewusst ist? Im Unternehmen spielt sich das so ab:
Sie als Geschäftsführer lassen sich monatlich oder vierteljährlich, aber mindestens zweimal im Jahr eine Liste sämtlicher Kostenarten vorlegen. Das sind die Löhne, Reisekosten, Materialkosten, Telefonkosten usw. Diese Kosten sollten Sie sich zum einen nach Monaten untergliedern lassen.

Dann sehen Sie, in welchen Monaten welche Kosten besonders hoch waren. Eine zweite Gliederung lassen Sie sich nach Kostenstellen erstellen, das heißt nach Abteilungen. Das zeigt Ihnen, welche Abteilung die höchsten Personalkosten hat, die meisten Telefonate oder Reisekosten. Bei Ihrer Analyse müssen Sie besonders auf die großen Beträge achten, auf die Abweichungen nach oben, auf sonstige Anomalitäten. Wenn Sie eine extrem angespannte Kostensituation haben, dann müssen Sie dramatische Entscheidungen treffen.

Ich habe einmal im Flugzeug von Budapest nach Zürich die Monatsergebnisrechnung des von mir in der Schweiz geleiteten Unternehmens studiert. Durch eine Absatzflaute in den letzten Monaten schlugen die hohen Fixkosten so zu Buche, dass Verluste entstanden. Der höchste Fixkostenblock war, neben den Abschreibungen, die Personalkosten. Als ich in Zürich aus dem Flugzeug stieg, stand meine Entscheidung fest. Die Löhne und Gehälter aller Mitarbeiter einschließlich der Direktoren und mir selbst, wurden um 10 Prozent gekürzt. Das war nicht einfach umzusetzen. Aber wir hatten in den vorhergehenden, umsatzstarken Jahren die Tüte der Gehaltserhöhungen vielleicht auch zu großzügig ausgeschüttet. Das wurde jetzt korrigiert.

Ich habe auch einmal bei einer anderen schwierigen Unternehmenslage bei sämtlichen Lieferanten deren Preise um 10 Prozent gesenkt. Das geht nicht bei allen Verträgen. Strom, Gas und Wasser z.B. sind Festverträge, obwohl Sie auch dort in manchen Ländern oder Städten Industriesondervereinbarungen treffen können.

Lassen Sie sich von Ihrer Einkaufsabteilung eine Liste aller Lieferanten erstellen. Nach Einkaufsvolumen gegliedert. Fangen Sie bei den größten an. Lassen Sie sich jeden Tag drei Lieferanten kommen. Erklären Sie, dass die Ergebnislage des

Unternehmens die vom Lieferanten verlangten Preise nicht mehr tragen kann. Entweder, der Lieferant kürzt, oder Sie müssen sich einen anderen suchen. Seien Sie knallhart. Kümmern Sie sich selbst darum.

In Ungarn habe ich einmal aus eigener Initiative den mir vertraglich zustehenden Mercedes abgegeben und mehrere Jahre einen Ford Mondeo, also einen kleineren, billigeren Dienstwagen benutzt. Ich habe dort auch während meiner ganzen Zeit als Geschäftsführer eines Großunternehmens mit mehr als 1000 Beschäftigten auf einem einfachen Holzstuhl gesessen. Statt auf einem Ledersessel. Wenn das Unternehmen sparen muss, müssen Sie Vorbild sein.

Bewährt haben sich auch meistens so genannte Kostensenkungsteams. Wichtig ist hier, dass Sie einen tüchtigen Teamführer haben. Die besten - nach meiner Erfahrung - waren hier immer meine Assistenten. Ich erinnere mich an einen Trainee aus Österreich. Seine einzige Aufgabe bestand darin, Kosten zu senken. Dabei hat er auch, was ein Trainee ja soll, sämtliche Bereiche des Unternehmens kennen gelernt.

Kosten senken, das heißt natürlich etwas korrigieren, das man vernachlässigt hat. Kosten sollten eigentlich gar nicht erst entstehen. Zumindest nicht so, dass man sie wieder senken muss. Tun Sie vorher etwas. Werden Sie vor allem strenger bei der Kostengenehmigung. Das geht nicht, wenn Marketing oder Verkauf, aber auch die Produktion und andere Abteilungen, Kosten verursachen, ohne dass Sie Ihr Einverständnis gegeben haben. Natürlich brauchen Sie nicht jeden Handzettel zu genehmigen. Aber passen Sie auf. Vor allem akzeptieren Sie nicht jeden Kostenvoranschlag. Lehnen Sie öfter einmal etwas ab. Zwingen und erziehen Sie Ihre Mitarbeiter zur Sparsamkeit. Verlangen Sie eine Preisreduzierung oder einen zweiten und dritten Kostenvergleich.

• Wissen Sie, was jeder Tag Sie kostet?

Es gibt auch gute Kostensenkungsberater. Oft ist eine Unternehmenssituation so komplex, dass Sie besser einmal einem Außenstehenden eine Chance geben. Diese Leute können mit ihrer Erfahrung und mit Abstand oft bessere Lösungen finden, als Sie selbst.

Sie sollten dann jedoch das Honorar, welches Sie zahlen, erfolgsorientiert gestalten. Denn Sie sind ja jetzt kostenbewusst.

Im privaten Bereich haben Sie es einfacher. Schreiben Sie konsequent jeden Tag akkurat in Ihrem Jahreskalender unter dem Titel: Ausgaben Monat X unter fortlaufender Nummerierung, was Sie ausgegeben haben. Darunter fallen nicht nur Ihre Barzahlungen, sondern auch Daueraufträge, Mietkosten, Darlehensrückzahlungen, Gebrauch der Kreditkarte und so fort. Schreiben Sie, was es war und was es gekostet hat. Sie haben am Monatsende mehrere Seiten in Ihrem Kalender mit sämtlichen Ausgaben, nummeriert von 1 bis vielleicht 100, je nachdem, wie viele verschiedene Ausgaben Sie wie oft getätigt haben. Addieren Sie die Gesamtsumme. Teilen Sie diese durch 30 Tage. Das gibt Ihnen Ihren Tagesaufwand. Teilen Sie dann einmal Ihr Monatsgehalt auch durch 30. Halten Sie sich diese beiden wichtigen Tageszahlen immer vor Augen. Stellen Sie sicher, dass die durchschnittlichen Kosten pro Tag immer geringer sind, als das Gehalt pro Tag. Damit schaffen Sie Reserven.

FAZIT: Kostenbewusstsein und Sparsamkeit beginnen damit, dass Sie vorher überlegen, wenn Sie etwas ausgeben. Führen Sie dann auch genau Buch, über das, was Sie ausgegeben haben.

Teil 14.
Informieren Sie - statt totschweigen

Reden ist Silber, Schweigen ist Gold. So sagt der Volksmund. Es gibt jedoch Situationen, in denen es besser ist, zu reden.

Während meiner Jahre in Italien habe ich einmal einen Lagerleiter verloren, weil er geschwiegen hat. Das ist eines von vielen Beispielen, die ich erzählen kann.
Die Sache verhielt sich so: Wir waren eine große pharmazeutische Firma mit fast 100 Außendienstmitarbeitern in neun Regionen Italiens. Unsere Zentrale war in der Nähe von Mailand. Dort befand sich auch das Zentrallager, aus dem unsere neun Läger in den Regionen beliefert wurden. Unsere Produkte und Ärztemuster erhielten wir in das Zentrallager aus unserem Mutterhaus in Frankreich geliefert. Unsere Außendienstmitarbeiter mussten regelmäßig mit Ärztemustern versorgt werden. Diese schickte unser Lagerleiter nach einem von der Verkaufsleitung festgelegten Verteilungs- und Zeitplan aus dem Zentrallager in die jeweiligen Regionalläger für die diesen Lägern zugeordneten Verkäufer. Es geschah jedoch, dass Ärztemuster aus Frankreich nicht rechtzeitig ankamen. Unser Lagerleiter in Mailand konnte dann nicht an unsere Außendienstmitarbeiter liefern. Obwohl der Mann für das Fehlen der Muster nicht verantwortlich war, hat er dann einen Fehler begangen. Er hat nicht darüber informiert. Augenscheinlich hatte er eine gewisse Scheu vor den Herren des Verkaufs.
Wie das so ist beim Außendienst, man findet immer einen Grund, warum man den Verkaufsplan nicht erreicht hat. Unser

Verkaufsdirektor in Mailand erhielt dann aus Palermo, Neapel, Rom oder Genua die Erklärung: Wir konnten unseren Verkaufsplan nicht erreichen, weil wir keine Muster hatten. Der Verkaufsdirektor stand wenig später wütend bei mir vor der Türe und beschwerte sich, dass das von mir geleitete Unternehmen nicht in der Lage war, den Außendienst mit dem notwendigen Material zu versorgen. Entsprechend bekam der Lagerleiter Probleme mit mir. Erstens hatte er die entsprechenden Stellen nicht informiert, dass die Ware nicht rechtzeitig aus Frankreich kam. Zweitens hatte er dem Außendienst nicht mitgeteilt, dass er die Ärztemuster nicht planmäßig liefern konnte. Daran hat der Mann sich aufgerieben. Auch meine mehrmaligen Hinweise auf das Prinzip der vorsorglichen Information hatten nichts geholfen. Sein Nachfolger war klüger. Er hat informiert. Erstens mich, darüber, dass aus dem Mutterhaus nicht geliefert wurde. Damit war der oberste Chef schon einmal mit im Boot. Zweitens benachrichtigte er den Außendienst. Er rief einfach unseren Mitarbeiter in Bari oder Venedig an und sagte, dass er die für morgen vorgesehenen Muster nicht senden kann. Dann kam in allen Fällen die überraschende Antwort des Verkäufers: Kein Problem. Ich habe noch genügend Muster. Unser Lagerleiter hatte sich durch das Informieren des Außendienstes jetzt auch dort abgesichert. Es war im Übrigen klar, dass auch in den früheren Fällen unser Außendienst immer noch Reserven an Mustern hatte. Aber durch die fehlende Kommunikation des damaligen Lagerleiters konnte der Verkäufer den ausgefallenen Liefertermin als eine Ausrede für seine schlechten Verkaufsergebnisse verwenden.

Uomo informato - mezzo salvato, hat mir einmal eine noch junge aber erfahrene Zigeunerin in Italien als Lebensweisheit mit auf den Weg gegeben. Das heißt auf Deutsch: Ein Mann, der informiert ist, der Bescheid weiß über das, was an Unangenehmem auf ihn zukommt, ist schon halb gerettet. Genauso rettet sich oft auch der, welcher rechtzeitig darüber informiert, wenn in seinem Bereich etwas Negatives geschieht oder zu erwarten ist.

Ich glaube, jeder von uns kann Beispiele finden, wo er unangenehme Dinge - sei es privat, sei es beruflich - verschwiegen hat. Als Schüler hat manch einer für eine Mathematikarbeit eine schlechte Note erhalten. Wie belastet ist das Gewissen und wie quälend ist der Stress in all den Tagen, an denen der Schüler das zu Hause nicht erzählt. Einmal muss es ja doch auf den Tisch.
Noch schlimmer, wenn man merkt, dass diese Schwäche in Mathematik dazu führen wird, dass das Klassenziel nicht erreicht wird. Rechtzeitig mit den Eltern darüber reden, führt möglicherweise zum Nachhilfeunterricht und zur Vermeidung des Sitzenbleibens.

Sie haben einen großen Fehler gemacht bei einem beruflichen Projekt? Gehen Sie zu Ihrem Chef und reden Sie darüber. Sie werden Ihren Monatsplan in Umsatz und Ergebnis zum zweiten oder dritten Mal wieder nicht erreichen? Berichten Sie rechtzeitig. Je länger Ihre Vorgesetzten oder die Zentrale nicht informiert sind, desto schlimmer wird die schlechte Nachricht aufgenommen.
Ich habe einmal in Ungarn einen Produktionsleiter gefeuert, weil er 70 Tonnen Ausschussware totgeschwiegen hatte. Diese war in den letzten drei Monaten angefallen. Wir wunderten uns über die schlechte Produktionsleistung. Daraufhin haben wir eine Fabrikinspektion vorgenommen und den Fehler gefun-

den. Der Ausschuss entstand möglicherweise deshalb, weil alte Maschinen nicht mehr funktionierten. Aber den Fehler der unterlassenen Berichterstattung hatte der Produktionsleiter begangen. Der stand schon wegen anderer Vorkommnisse unter Beobachtung. So musste er gehen.

Genau das Gegenteil erlebte ich einmal in den USA. In einer der dort von mir geleiteten Fabriken wurde ein Arbeiter in der Abfüllabteilung Vater. Die Kollegen schenkten in einem solchen Fall eine Zigarre. Bei Schichtende stellte der Mann fest, dass seine Zigarre, welche er in die Brusttasche seines Overalls gesteckt hatte, verschwunden war. Mit großer Wahrscheinlichkeit war die Zigarre in einen Abfüllwagen mit Kinderhaferflocken gefallen und in einer Verkaufspackung gelandet. Der Mann berichtete über den Vorfall. Mein Produktionsleiter gab Anweisung, alle in der betreffenden Schicht abgepackten Waren zu öffnen und zu kontrollieren. Glücklicherweise wurde die Zigarre schon auf der dritten oder vierten Palette mit Fertigware gefunden. Natürlich erhielt der stolze, mutige Vater eine Belohnung.

Immer dann, wenn ich meine Vorgesetzten zu Beginn eines sich auswachsenden Problems angesprochen habe, bekam ich Verständnis und Hilfe. Immer dann, wenn ich erst davon redete, wenn das seit Wochen vorhersehbare Unglück schon passiert war, bekam ich Ärger und Vorwürfe. Vor allem war ich dann auch der einzig Schuldige und allein verantwortlich. Sehen Sie zu, dass Ihnen das nicht passiert. Informieren Sie. Beizeiten.

FAZIT: **Reden Sie über Ihre Probleme rechtzeitig und mit den richtigen Leuten.**

Teil 15.
Lassen Sie sich Lösungen bringen - nicht Probleme

Mitarbeiter sind unter anderem deshalb notwendig, damit sie dem Vorgesetzten helfen, sein manchmal schweres Leben leichter zu machen. Das haben viele Mitarbeiter aber noch nicht verstanden. Oder hat man ihnen einfach noch nicht gesagt, wie sie helfen können?

Auf meiner ersten Arbeitsstelle, als Assistent einer Wirtschaftsprüfungsgesellschaft, war ich zusammen mit einem Team von Prüfern jede Woche bei einer anderen Firma in einer anderen Stadt im Einsatz. Wir alle kamen nur am Wochenende nach Hause. Mit im Team war ein Kollege, welcher mehrere noch kleine und schulpflichtige Kinder hatte. Er erzählte oft, dass, wenn er am Freitagabend spät und müde nach Hause kam, eine Menge Probleme auf ihn warteten. Alles Unangenehme, das die Kinder während der Woche angestellt hatten, brachte die überforderte Ehefrau und Mutter auf den Tisch. Der Vater musste die Kinder bestrafen. In der Familie, so erzählte der Kollege, hieß es jeden Freitag nur noch, heute Abend kommt wieder der Schläger. Wieviel besser und harmonischer wäre das Familienleben gewesen, wenn die Mutter hätte sagen können, dass jedes der Kinder wieder eine Menge von Dingen angestellt hatte, aber sie, die Ehefrau, hat das alles schon gelöst.

• Lassen Sie sich Lösungen bringen - nicht Probleme

Lösungen bieten und aufzeigen, statt neue Probleme zu schaffen, ist eine Forderung, welche in der privaten Sphäre genauso gestellt werden muss, wie im Geschäft. Ehepartner, Freunde, Geschäftspartner, aber am meisten wohl Vorgesetzte und Mitarbeiter sollten sich gegenseitig dazu erziehen, dass sie dem anderen Vorteile aufzeigen, statt ihn vor neue, schwierige Aufgaben zu stellen.

Ich habe einmal eine Zeit lang kleine und mittelständische Betriebe beraten. Dort ist es besonders ausgeprägt, dass der Firmeninhaber die dominierende Kraft ist. Der Großteil der Mitarbeiter hat nur ausführende Funktionen und hat nicht gelernt, selbständige Entscheidungen zu treffen oder schwierige Situationen eigenständig zu lösen. Bei allem muss der Chef herhalten.

Ich erinnere mich an Beratungseinsätze, bei denen man im Analysegespräch mit dem Firmeninhaber in seinem Büro saß. Alle zehn Minuten ging die Tür auf. Ein Mitarbeiter streckte den Kopf herein und sagte: Chef, eine Welle ist gebrochen. Oder: Chef, der Strom ist ausgefallen. Was sollen wir machen? Der gestresste Firmeninhaber wurde nur so mit Problemen überhäuft. Durch die Unselbständigkeit seiner Mitarbeiter hatte er auch jahrelang keinen Urlaub machen können. Wir wussten und waren darauf auch geschult, dass, wenn wir ihm dieses Problem lösen würden, er dann mit mehr Überlegenheit seine Unternehmenslage verbessern würde.

Was haben wir getan? Wir haben einfach den Firmenleiter aufgefordert, von seinen Mitarbeitern etwas zu verlangen. Wenn der Vorgesetzte es gestattet, dass alle zehn Minuten ein anderer Mitarbeiter ein Problem auf ihm ablädt, dann trifft ihn selbst die Schuld. Die Mitarbeiter sind nämlich gar nicht so dumm oder so träge, dass sie selbst nicht Lösungen finden können.

Bei meinen Beratungseinsätzen gab es Situationen, in der mir ein einfacher Arbeiter oder ein Vorarbeiter in einer Abteilung über ein Problem in der Abteilung berichtete. Das Problem war so komplex und spezifisch, dass auch ich zunächst keine Antwort wusste. Ich habe dann spontan den Mitarbeiter gefragt, was er denn machen würde, um die Sache zu lösen. Die Antwort war zunächst ungläubiges Staunen. So weit hatte der Mann gar nicht gedacht. Dass er es sein könnte, der die Lösung findet, war neu für ihn. Er hatte nur darauf gewartet, dass die Geschäftsleitung etwas unternimmt. Seine Antwort war oft spontan, einfach und richtig. Andere Mitarbeiter sagten auch, dass sie das doch nicht wissen. Aber am nächsten Tag kamen sie voller Begeisterung und berichteten, sie hätten die ganze Nacht nicht geschlafen. Stattdessen hätten sie nachgedacht. Sie würden das machen und das und das ... Der Mann hatte plötzlich nicht nur eine Lösung, sondern viele.

Wenn mehrere Lösungsvorschläge vorliegen, das ist dann der Moment, in dem der Vorgesetzte oder gar die Geschäftsleitung eingesetzt werden müssen. Es besteht ein Problem. Es gibt mehrere Lösungen. Welcher der Lösungsvorschläge eingesetzt werden soll, das entscheiden Sie.

Sie werden überrascht sein, wie konstruktiv und selbständig Ihre Mitarbeiter sein können. Verbreiten Sie in Ihrem Unternehmen ganz einfach eine neue Philosophie.

Diese lautet: Bringen Sie mir keine Probleme, sondern Lösungen. Fordern Sie Ihre Mitarbeiter auf, für jedes Problem die nach der Meinung des Mitarbeiters besten zwei oder drei Lösungsvorschläge zu erarbeiten. Sie selbst schätzen dann die Vor- und Nachteile der möglichen Alternativen ab und wählen den Vorschlag, der Ihnen am sinnvollsten erscheint. Das ist die Aufgabe eines souveränen Chefs.

FAZIT: **Lassen Sie sich Lösungen bringen, nicht Probleme.**

- LASSEN SIE SICH LÖSUNGEN BRINGEN - NICHT PROBLEME

Teil 16.

Lernen Sie Sprachen leichter

Fremde Sprachen zu lernen ist für manche Leute eine Leichtigkeit. Die meisten Menschen aber tun sich schwer damit. Wie es trotzdem möglich ist, eine Sprache oder einen Grundwortschatz zu erlernen, zeigen die folgenden Beispiele.

Machen Sie sich jetzt keine falschen Hoffnungen. Einige wichtige Eigenschaften zum Erlernen einer neuen Sprache müssen Sie mitbringen. Zum Beispiel Fleiß und Beständigkeit. Ich habe neben meiner Muttersprache Deutsch sechs Sprachen gelernt. Das sind Französisch, Italienisch, Spanisch, Englisch, Russisch und Ungarisch.
Wenn Sie eine Sprache lernen wollen, haben Sie eine Menge verschiedener Möglichkeiten. Die nach meiner Erfahrung besten Möglichkeiten für einen Menschen, der seine meiste Zeit noch dem Beruf widmen muss, sind folgende:

Nehmen Sie sich für den Anfang einen Lehrer. Der Lehrer muss die Sprache, welche Sie lernen wollen als Muttersprache kennen. Er darf mit Ihnen nur in dieser Sprache sprechen. Alles was Sie nicht verstehen, muss der Lehrer so lange in der zu lernenden Sprache umschreiben, bis Sie wissen, was das betreffende Wort bedeutet. Fangen Sie mit den einfachen Dingen des täglichen Lebens an. Ich habe zum Beispiel meine erste Italienischstunde mit einer Speisekarte begonnen, die ich aus einem Restaurant ausgeliehen hatte.

Bestimmen Sie die Tageszeit, wann Sie den Unterricht nehmen. Abends sind Sie dazu zu müde. Während des Tages zur Schule gehen, kostet viel Zeit.

Den Lehrer im Büro empfangen, verhindert nicht, dass Sie gestört werden. Sie fangen nicht pünktlich an. Sie hören zu früh wieder auf. Die beste Zeit und das wirksamste System habe ich beim Erlernen der russischen Sprache in Moskau herausgefunden.

Jeden Morgen um 8 Uhr kam mein Lehrer zu mir in mein Hotel. Wir haben bis 12 Uhr, d.h. vier volle Stunden jeden Tag gearbeitet. An drei bis vier Tagen in der Woche. Am morgen sind Sie frisch. Niemand stört Sie. Sie können sich voll auf den Unterricht konzentrieren. Um 13 Uhr sind Sie in Ihrer Firma. Sie werden sich wundern - nichts ist passiert, was Sie nicht auch nach 13 Uhr bearbeiten können. Sie arbeiten vielleicht am Abend eine oder zwei Stunden länger. Aber um 18 Uhr sind Sie fertig und es wartet nun kein lästiger Unterricht auf Sie. Vielleicht widmen Sie sich den anderen spielerischen Dingen, welche ich Ihnen zum Erlernen einer Sprache noch empfehlen kann.

Verwenden Sie Ihr Kalenderbuch für den zweiten Schritt. Schreiben Sie darin unter fortlaufender Nummerierung jeden Tag zehn neue Worte, die Sie lernen. Das sind in einem Monat 300 Worte. In einem Jahr 3650 Worte. Der Grundwortschatz einer jeden Sprache. Aber bitte täglich, regelmäßig und oft wiederholen.

Kaufen Sie sich als nächstes ein oder zwei Bücher in der neuen Sprache. Am besten ist ein Märchenbuch für Kleinkinder und eine Kinderbibel. Wenn Sie weiter fortgeschritten sind, sollten Sie grundsätzlich in der neuen Sprache viel lesen.

Ich habe seit 30 Jahren kein Buch mehr in meiner Muttersprache gelesen. Wenn es einen Bestseller gibt, der mich interessiert, dann warte ich mit dem Kauf, bis dieser in eine der Fremdsprachen übersetzt ist, welche ich kenne. So schlage ich zwei Fliegen mit einer Klappe. Ich befriedige mein Interesse an dem Buch und trainiere die Sprache. Anders ist das bei Zeitungen. In Ungarn oder Russland zum Beispiel habe ich immer die dort erscheinenden deutschen oder englischen Zeitungen zuerst gelesen. Dann die ungarische oder russische. Aus der Zeitung meiner geläufigen Sprachen kannte ich dann den Sachverhalt einer Nachricht. In der neuen noch schwierigen Fremdsprache fiel es mir anschließend leichter, die Information zu verstehen und damit auch die Sprache zu üben.

Um flüssig, leichter eine neue Sprache zu sprechen, müssen Sie jeden Tag zehn Minuten laut aus einem Buch vorlesen. Am besten vor einem Spiegel. Betonen Sie jede Silbe und vor allem den letzten Buchstaben jedes Wortes, so: Wortesss. Sie werden überrascht sein, dass Sie schon nach fünf Tagen fließender sprechen können.
Schulen Sie Ihr Ohr für die Sprache, indem Sie Radio hören. Aber schreiben Sie mit.
Das klingt zunächst absurd. Denn Sie verstehen ja noch nicht die Bedeutung. Aber hin und wieder kommt ein Wort, das Sie kennen. Schreiben Sie dieses Wort. Bis Sie das geschrieben haben, kommt ein anderes Wort, das Sie auch kennen und ebenfalls schreiben. Ich habe auf diese Art Berge von Altpapier verbraucht. Tun Sie dies jeden Abend maximal eine viertel Stunde. Das reicht. Nutzen Sie im übrigen jede Minute Ihrer freien kostbaren Zeit, um zu hören. Es gibt für alle Sprachen Schulungsprogramme auf Kassette. Bei Autofahrten,

beim Spazierengehen, beim Joggen oder im Fitnesscenter mit Walkman.

Schauen Sie sich Filme an, bei denen neben der Synchronisierung noch die neue Sprache als Untertitel geschrieben ist. Das schönste an einer fünfstündigen Wagner-Oper ist für mich, wenn über der Bühne der gesungene Originaltext in der Sprache des Landes geschrieben ist, in dem die Oper aufgeführt wird. Denn diese Sprache will ich lernen. Fünf gewonnene Stunden.

Halten Sie immer ein Wörterbuch bereit. Lesen Sie darin in jeder freien Minute. Sei es im Zug, in der Metro, auf dem Rücksitz Ihres Wagens, wenn Sie einen Chauffeur haben. Und lesen Sie immer jeden Abend vor dem Schlafengehen noch ein paar Minuten ein paar neue Worte.

Wenn Sie das Glück haben, in dem Land zu wohnen, dessen Sprache Sie lernen wollen, dann nutzen Sie alle Möglichkeiten, die das Land Ihnen bietet. Ich habe zum Beispiel mit meinen Mitarbeitern Verträge abgeschlossen. Sie durften nur in ihrer Muttersprache mit mir reden. Auch wenn sie allzu gerne ihre Deutsch- oder Englischkenntnisse mit mir praktiziert hätten. Wer dann die Vereinbarung brach, musste eine Strafe zahlen.

Es gibt den alten Witz, dass man sich zum Erlernen einer Sprache einen einheimischen Partner zulegen soll. Das hilft bestimmt. Ganz nebenbei erweitert ein Freundeskreis von Menschen aus dem Lande, in dem Sie leben, neben den Sprachkenntnissen, die Sie erwerben, auch Ihren kulturellen Horizont.

Wenn Sie mit Ihrer Familie in einem fremden Land sind, dann ist das für die Kinder meist kein Problem. Ihre Kinder lernen die fremde Sprache oft schneller als Sie. Anders ist das mit Ihrer Ehefrau. Zwar habe ich in all meinen Jahren im Ausland Frauen gesehen, welche die Sprache sehr schnell gelernt haben. Übersehen Sie aber nicht das oft auftretende Problem der Vereinsamung, das Ihre Frau befallen kann. Sie sind im Büro, im Kontakt, unter Leuten. Die Ehefrau ist oft alleine zu Hause, ohne Möglichkeit, die neue Sprache zu üben. Diesen Bann müssen Sie brechen. Das können Sie tun, indem Sie zunächst Ihre Frau zu beruflichen Ereignissen mitnehmen, wann immer dies möglich ist. Darüber hinaus praktizieren Sie doch mit Ihrer Frau gemeinsam die neue Sprache. Solange Sie beide noch Anfänger sind, kann man daraus ein Spiel machen. Lernen Sie zusammen und voneinander neue Worte, Ausdrücke und Redensarten. Wenn Sie schon fortgeschritten sind, dann machen Sie es sich zur Regel, auch zu Hause in der neuen Sprache zu reden.

Wenn Sie dann mit all den oben genannten Hilfsmitteln eine neue Sprache gelernt haben, dann pflegen Sie diese. Selbst wenn Sie nicht mehr in dem Land leben, dessen Sprache Sie mit soviel Einsatz gelernt haben, dann bewahren Sie sich diese Sprache. Das ist für Sie ein berufliches Plus und ein kulturelles Gut.
Lesen Sie. Das hilft.

FAZIT: ***Wenn Sie mit Geduld und Fleiß gewisse Regeln befolgen, werden Sie jede neue Sprache schnell lernen.***

- LERNEN SIE SPRACHEN LEICHTER

Teil 17.
Führen Sie Gespräche richtig

Ein wesentliches Problem bei der betrieblichen Zusammenarbeit und bei zwischenmenschlichen Beziehungen liegt darin, dass der eine nicht richtig kommuniziert und der andere nicht richtig zuhört. Die dadurch entstehenden Missverständnisse sind oft schwerwiegend.

Bei einem der Managementseminare, welches ich in den USA besuchte, wurde folgende Szene gespielt: Vier Seminarteilnehmer mussten den Raum verlassen. Einer fünften Person aus der Reihe der im Raum verbliebenen Seminarteilnehmer wurde eine Geschichte erzählt: Ein Schiff von 10.000 Bruttoregistertonnen lief am 12. Mai aus dem Hafen von New York aus. Sein Ziel war die Stadt Quebec in Kanada. Auf dem Schiff waren 300 Passagiere, 200 Matrosen und Stewards sowie 500 Tonnen Fracht. Die Passagiere tranken während der Fahrt Champagner. Das Schiff erreichte Quebec am 22. Mai. Einer der draußen wartenden Leute wurde hereingerufen. Nummer fünf erzählte Nummer vier die Geschichte des Schiffes. Dann kam Nummer drei herein. Diese wurde von Nummer vier informiert. Das ging so weiter bis zur letzten Person, der Nummer eins. Nummer eins hat dann auf befragen die Geschichte erzählt. So wie er es verstanden hatte. Ein Schiff fuhr von Montreal nach New York. - Der Name Montreal war niemals gefallen. Montreal liegt allerdings in der Provinz Quebec in der auch die Stadt Quebec, das ursprüngliche Ziel des Schiffes, liegt. - Das Schiff hatte 10.000 Flaschen Champagner geladen. An Bord waren 200 Passagiere.

Matrosen und Stewards wurden nicht genannt. Das Schiff erreichte New York im Mai. Nach nochmaligem Befragen hat Nummer eins präzisiert: am 1. Mai.
Oberflächliches Erzählen und oberflächliches Zuhören sind die Quelle vieler Missverständnisse. Aber wie können wir das verbessern?

Wenn Sie im privaten und beruflichen Leben erfolgreich sein wollen, dann müssen Sie in der Lage sein, mit Vorgesetzten, Kollegen, Untergebenen, Kunden und Freunden wirkungsvoll zu sprechen. Arbeiten Sie zunächst an Ihrer Ausdrucksweise, an Ihrer Art zu sprechen. Sie können das allein zu Hause üben, indem Sie jeden Tag zehn Minuten laut aus einem Buch vorlesen. Das habe ich Ihnen schon beim Erlernen von Fremdsprachen empfohlen. Aber auch Ihre Muttersprache können Sie so verbessern. Lesen Sie laut vor einem Spiegel. Betonen Sie dabei bewusst immer den letzten Buchstaben. Schon nach einer Woche sprechen Sie fließender und deutlicher.
Aber im Gespräch muss nicht nur Ihre allgemeine Ausdrucksweise korrekt sein, Sie müssen Ihre Botschaft auch den Bedürfnissen, den Überlegungen, dem Temperament und selbst dem Sprachgebrauch Ihres Zuhörers anpassen. Ein Gespräch zwischen zwei Menschen bedarf auch einer anderen Strategie, als eine Rede vor einer Zuhörergruppe. Aber wenn Sie zunächst lernen, wie Sie mit einem individuellen Menschen reden müssen, dann wird es für Sie auch leichter, eine Rede vor großem Publikum zu halten.
Schaffen Sie zuerst Kontakt mit dem anderen. Das beginnt mit den Augen. Üben Sie am Spiegel, sich selbst in die Augen zu schauen. Dann versuchen Sie das bewusst mit Ihren Gesprächspartnern. Kontakt finden bedeutet auch, dass Sie mit der anderen Person Gemeinsamkeiten entwickeln. Ihre

Stimmlage und Ihre Sprachgeschwindigkeit sollten Sie dem Gesprächspartner anpassen, genauso wie Sie atmen, sich bewegen oder Ihren Körper halten.

Seien Sie sich im Klaren über Ihre Ziele. Was wollen Sie dem anderen überhaupt mitteilen?

Um das selbst zu erkennen und um dieses Ziel dann zu erreichen, brauchen Sie eine Gesprächsstrategie. Diese sieht wie folgt aus:

1. Wissen Sie genau, was Sie dem anderen sagen wollen
2. Seien Sie positiv beim Erzählen. Vermitteln Sie Begeisterung
3. Sehen Sie, hören Sie und fühlen Sie, wie der andere denkt und passen Sie sich dem anderen an
4. Machen Sie den anderen zu Ihrem Verbündeten, mit dem Sie gemeinsam etwas erreichen wollen

Ein Unterhalter ist nur dann ein guter Unterhalter, wenn das, was er erzählt, auch aufrichtig gemeint ist. Der Zuhörer spürt das in der Regel sofort.

Reden Sie frei von der Zunge. Seien Sie menschlich. Gestalten Sie Ihre Worte einfach. Versuchen Sie Enthusiasmus zu schaffen, das heißt, seien Sie nicht langweilig beim Reden. Hören Sie auch zu. Schweifen Sie nicht aus. Seien Sie kurz und präzise.

Versuchen Sie Rückantworten zu erhalten. Nachdem Sie mit jemandem gesprochen haben, müssen Sie sich vergewissern, dass der andere auch verstanden hat, was Sie gesagt haben. Fragen Sie zum Beispiel: Was halten Sie von all dem? Oder lassen Sie sich das Wesentliche Ihres Gesprächs vom andern nochmals kurz zusammenfassen. Wenn Sie merken, dass der andere nicht versteht, was Sie sagen, müssen Sie klarer und deutlicher werden. Das kostet Zeit. Aber viel weniger Zeit, als Sie opfern müssen, um Probleme zu lösen, die aus Missverständnissen entstehen.

Schließlich sollen Ihre Schiffe in die richtige Richtung schwimmen.

Fazit: **Richtige Information ist eines der schwierigsten Dinge im Beruf und beim zwischenmenschlichen Kontakt. Legen Sie besondere Sorgfalt darauf, wie Sie etwas sagen.**

Teil 18.

Nutzen Sie Körpersprache und Fragetechniken

Wenn Sie zu Menschen sprechen, können Sie die Wirkung Ihres Gespräches noch verstärken, indem Sie psychologische Techniken anwenden. Dazu gehört zum Beispiel Gedanken lesen, Reaktionsbeeinflussung und in die Enge treiben des Partners.

Achten Sie als erstes darauf, was im Inneren des Menschen, mit dem Sie sich unterhalten, vorgeht. Das können Sie anhand seiner Körpersprache erkennen. Die Arme und Beine kreuzen bedeutet zum Beispiel: Verteidigung. Sich vorwärts beugen bedeutet: Sagen Sie mir mehr. Ich bin interessiert. Sich zurücklehnen heißt: Lassen Sie mich nachdenken, vielleicht interessiert mich das nicht. Den Kopf schräg halten, bedeutet Interesse. Hände im Schoß oder vor dem Bauch zu falten ist eine Schutzgeste. Hände auf den Tisch gelegt will sagen, jetzt reden wir aber ernsthaft und nur zur Sache.
Auch Ihre Körperhaltung und Gebärden sind wichtig für einen Gesprächsverlauf.
Nicht umsonst sagt man, er redet mit Händen und Füßen. Wer das tut, der ist begeistert von dem was er erzählt. Und Begeisterung im Gespräch führt bekanntlich dazu, dass der andere das Gespräch bereitwilliger versteht und aufnimmt. Sie sollten daher immer auch Ihre Hände zum Sprechen benutzen. Aber machen Sie niemals Drohgebärden. Zeigen Sie auch nicht mit dem Finger auf Ihren Partner.

• NUTZEN SIE KÖRPERSPRACHE UND FRAGETECHNIKEN

Sie kommen auch in Situationen, in denen Ihr Gesprächspartner verschlossen und nicht kommunikativ ist. Dann liegt es an Ihrer Gesprächsführung, den anderen dazu zu bringen, sich zu öffnen. Am besten gelingt Ihnen das durch Fragetechniken. Da gibt es zum Beispiel die geschlossene Frage. Das ist eine Frage, auf welche der Partner nur mit Ja oder Nein antworten braucht. Dann verstummt er wieder.
Beispiel: Frage: Gefällt Ihnen das, was ich Ihnen gesagt habe? Antwort: Nein. Fazit: Ende des Dialogs.
Viel besser kommen Sie voran mit den offenen Fragen: Wie, Warum, Was, Womit, Weshalb. Zum Beispiel: Frage: Was denken Sie über das, was ich gesagt habe? Jetzt kann der Partner sich öffnen, ausschweifen, muss denken und hat viele Möglichkeiten zu antworten.
Fragetechniken sind im Übrigen auch hilfreich, um das Gespräch dahin zu lenken, wohin Sie wollen. Wenn Sie um eine Meinung gefragt werden, welche Sie nicht haben oder nicht wissen, was Sie sagen sollen, dann stellen Sie als Antwort ganz einfach eine Gegenfrage. Ihr Partner fragt Sie zum Beispiel: Was denken Sie über die neueste Entwicklung? Sie wollen noch nicht antworten und kehren die Frage des Partners um mit der Gegenfrage: Was glauben Sie, was ich denke? In den meisten Fällen geht Ihr Partner darauf ein. Er antwortet zum Beispiel: Nun, wie ich Sie kenne, Sie sind ein positiver weltoffener Mensch, sehen Sie die neueste Entwicklung auch positiv ... und so weiter. Sie erfahren plötzlich von Ihrem Gesprächspartner Dinge, über die Sie sich noch gar keine Gedanken gemacht haben.

Im Gespräch gibt es auch Techniken, welche Ihnen helfen, vorwärts zu kommen, Entscheidungen besser zu treffen oder Ihren Gegenpart so in die Enge zu treiben, dass er nur die von Ihnen gewünschte Antwort gibt. Sehr bewährt ist die Einwandsisolierung. Ihr Partner reagiert ablehnend auf einen Vorschlag. Er versucht mit Einwänden einen Ihrer Wünsche abzulehnen. Diese Einwände sind Ausreden. Sie treiben Ihren Partner in die Enge, indem Sie seine Einwände isolieren.

Sie sagen zum Beispiel: Ich möchte Sie heute Abend zum Essen einladen. Ihr Partner antwortet, dass er heute Abend keine Zeit hat. Daraufhin schlagen Sie morgen Abend vor. Ihr Partner antwortet, dass er auch morgen nicht kann, weil ihm sein Arzt Schonkost verordnet hat. Alles Ausreden. Wenn Sie jedoch bei dem ersten Einwand, als er sagte, dass er keine Zeit hat, fragen, ist das der einzige Grund, warum Sie nicht mit mir Essen gehen, dann wird er sicher antworten: Ja. Sie können dann vorschlagen, dass er einen Abend wählt, an dem er Zeit hat. Da Sie geschickt mit Ihrer Einwandsisolierung alle anderen Einwände abgeblockt haben, kann ihr Partner nicht mehr ausweichen. Sie haben einen Gast.

FAZIT: **Mit Ihren Gesten, mit Fragetechniken, mit Einwandsisolierung bestimmen Sie, was Ihr Gesprächspartner antwortet.**

- NUTZEN SIE KÖRPERSPRACHE UND FRAGETECHNIKEN

Teil 19.
Werden Sie ein brillanter Redner!

Eine Rede halten vor einem Kreis von Zuhörern - das ist für viele Menschen ein Albtraum. Dabei ist die Fähigkeit, ein Publikum im Vortrag zu begeistern und auf seine Seite zu bringen, wichtiger denn je. Sicher gehört Mut dazu, vor einer großen Menge von Leuten zu sprechen. Mit einigen Grundregeln zu diesem Thema wird es Ihnen jedoch bestimmt bald leichter fallen.

Während meiner Arbeitsjahre in Kanada hatte ich die Gelegenheit, recht regelmäßig einen Rednerclub zu besuchen. Die Mitglieder des Clubs trafen sich zweimal im Monat. Wir saßen an einem großen ovalen Tisch. Der Wortführer der Runde nannte ein Thema, zum Beispiel "Frühlingsanfang". Er wählte auch ein Mitglied der Runde, das über dieses Thema reden sollte. Das benannte Clubmitglied musste dann aufstehen und unvorbereitet frei über das Thema "Frühlingsanfang" reden.
Anschließend wurde der Vortrag von den übrigen Teilnehmern bewertet. Argumente, welche der Redner nicht verwendet hatte, wurden neu erfunden. Verbesserungsvorschläge wurden gemacht. Später am Abend musste ein anderer Teilnehmer nochmals über das gleiche Thema sprechen. Auf diese Art wurde in einer Sitzung über vier bis fünf Themen zweimal eine Rede gehalten. Das Wesentliche, was hier geübt wurde, war spontanes, lockeres, freies Sprechen.

Ich habe auch mehrmals während meiner Berufsjahre Redekurse besucht. In der Regel dauerten diese ein oder zwei Tage.

Was ich mit diesen beiden Beispielen sagen will, ist, dass Sie sich schon etwas bemühen müssen, um ein guter Redner zu werden. Für einen Top-Manager zum Beispiel sollte die regelmäßige Teilnahme an Management-Kursen eine Selbstverständlichkeit sein. Ein Rhetorik-Kurs sollte auch darunter sein.

Im Übrigen gilt die Regel: Übung macht den Meister. Je öfter Sie eine Rede halten, desto besser gelingt sie Ihnen. Damit diese Rede aber wirklich gut ist, sollten Sie einige Tips beachten.

Schreiben Sie Ihre Rede selbst, mit einfachen, kurzen Sätzen. Lesen Sie diese Rede dann aber nicht ab. Machen Sie aus Ihrer Rede Notizkarten. Auf die Karten schreiben Sie nur Stichworte. Die Notizkarten halten Sie in der Hand. Ganz wichtig ist, dass Sie während des Redens das Stichwort für Ihren nächsten Redeblock schon ablesen, ansonsten entstehen peinliche Pausen.

Wenn Sie Ihre Rede selbst schreiben, dann hat das den Vorteil, dass Sie sich mit dem, was Sie sagen werden, schon intensiv geistig beschäftigt haben. Besonders wichtig ist dies, wenn Sie eine Rede in einer fremden Sprache halten. Schreiben Sie die Rede selbst, dann benutzen Sie nur Worte, die Sie kennen. Die Rede zu halten ist dann leicht.

Ich habe einmal bei der Einweihung einer Fabrik in Russland den Fehler gemacht, mir die Rede in Deutsch aufzusetzen. Meine Sekretärin hat sie dann ins Russische übersetzt. Meine Russischkenntnisse waren damals noch gering. Die Rede war zu schwer für mich. Sie enthielt Worte, die ich noch nicht kannte. Das hätte ich mir ersparen können.

Wenn Sie Ihr Redemanuskript oder Teile davon dem Zuhörerkreis in Kopie geben wollen, dann tun Sie das unbedingt erst nach Ihrer Rede. Wie oft habe ich gesehen, dass die Dokumente vor der Rede ausgehändigt wurden. Die Zuhörer sind dann, während Sie reden, damit beschäftigt, im Papier zu blättern. Man hört Ihnen gar nicht zu.

Treten Sie in eleganter, aber lockerer Kleidung vor Ihr Publikum. Sie brauchen heute nicht mehr unbedingt eine Krawatte. Das macht auch Sie lockerer.
Ein Rednerpult sollte oder kann vorhanden sein. Aber Sie müssen nicht während Ihrer ganzen Rede dieses Pult zwischen sich und den Zuhörern haben. Trennen Sie sich während Ihrer Rede von dieser Barriere. Machen Sie ein paar Schritte zur Seite oder auch auf Ihr Publikum zu.

Begrüßen Sie Ihr Publikum, indem Sie zunächst die Ehrengäste nennen. Dann nennen Sie die Damen, danach die Herren. Das sieht dann so aus: Sehr geehrter Herr Bürgermeister, meine sehr verehrten Damen, meine Herren.
Ihre Stimme muss lauter sein, als Sie normalerweise sprechen. Sprechen Sie in kurzen Sätzen. Ihre Augen und Ihr Blick müssen die Rede unterstützen. Schauen Sie Ihrem Publikum in das Gesicht. Gleiten Sie mit Ihrem Blick von links nach rechts. Von der hintersten Reihe zur vordersten. Dann wieder zurück. Ihr Fixierpunkt sollte überwiegend die letzte Reihe sein.
Es gibt viele Möglichkeiten, eine Rede zu beginnen. Wichtig ist, dass Sie die Zuhörer in Spannung versetzen. Am besten tun Sie das, indem Sie die Rede mit einer Frage beginnen: Was glauben Sie, meine Damen und Herren, was ich Ihnen heute zu sagen habe? Der Zuhörer muss mitdenken, er riskiert plötzlich, dass Sie noch einen Schritt weitergehen, und ihn persönlich fragen. So schaffen Sie sich Aufmerksamkeit.

Selbstverständlich reden Sie auch mit Gesten. Heben Sie die Hand. Heben Sie beide Hände. Ballen Sie die Fäuste, wobei Sie die Arme von unten nach oben stoßen. Das wirkt dynamisch, bringt Power. Bewegen Sie Ihren ausgestreckten rechten Arm mit offener Hand von links nach rechts, wie wenn Sie einem Pferd langsam über den Rücken streichen. Das erfasst alle im Saal.
Üben Sie das jetzt einmal beim Lesen dieser Zeilen.
Lassen Sie das Publikum teilnehmen. Stellen Sie auch während der Rede Fragen. Rhetorische Fragen, die Sie nachher wieder selbst beantworten. Schauen Sie dabei drei bis vier Personen in der ersten und zweiten Reihe ganz bewusst an. Das macht wach. Stellen Sie die "Hand Hoch" Frage. Wer stimmt mir zu? Wer ist dafür? Wer ist dagegen? Hand hoch!.
Seien Sie humorvoll. Seien Sie mehr Entertainer als Redner.

Ich habe einmal eine Rede begonnen, indem ich mich eine Minute lang mit erhobenen Armen mit dem Rücken zum Publikum hingestellt habe. Dann habe ich mich langsam umgedreht. Die Leute sind ausgeflippt.

Wenn Sie während Ihrer Rede Charts benutzen, dann hüten Sie sich davor, Text, den Sie sprechen werden, im Chart zu schreiben. Das liest der Hörer sofort. Wenn Sie das dann auch noch ablesen, werden Sie monoton. Das Chart sollte nur aus einem Bild bestehen. Oder aus Zahlen. Oder aus Trendlinien. Alles andere erklären Sie. Projizieren Sie niemals Charts, indem Sie hinter dem Publikum stehen. Sie sind der Mittelpunkt. Wie der Lehrer an der Tafel. Benutzen Sie auch einen ausziehbaren Zeigestock. Der ist besser geeignet, als die heute oft gebrauchten Punktstrahler. Mit einem Zeigestock wirken Sie dynamischer. Schlagen Sie damit ruhig einmal auf die Leinwand oder das Flippchart.

Beenden Sie Ihre Rede mit einer Ansprache an das Publikum, die jeden einzelnen zu etwas verpflichtet. Etwa so: Ich empfehle Ihnen ... Ich wünsche mir ... Helfen Sie mit ...

FAZIT: **Der Mensch kann, wenn er sich bemüht, vieles lernen - auch wie man eine Rede hält.**

- WERDEN SIE EIN BRILLANTER REDNER

Teil 20.

Stellen Sie Ihr Licht nicht unter den Scheffel!

Sie haben die vorhergehenden Kapitel aufmerksam studiert. Sie haben daraus für sich viel gelernt. Sie sind in vielen Dingen leistungsfähiger geworden. Sie sind eine Persönlichkeit mit einer Menge neuer Eigenschaften.
Aber Sie können auch noch so gut sein, es hilft Ihnen nicht, in Ihrem Leben und in Ihrer Karriere weiterzukommen, wenn andere nicht wissen, wie gut Sie wirklich sind.

Fassen wir nochmals zusammen: Dank der von Ihnen erarbeiteten Jahresziele wissen Sie genau, was Sie wollen. Ihren Stress haben Sie abgebaut. Das, was davon übrig geblieben ist, haben Sie im Griff.
Dank Ihres täglichen Trainings sind Sie körperlich kräftiger, schlanker, geistig frisch. Bei der Arbeit wissen Sie, Ihre Belastung zu verringern und Ihre Kräfte optimal einzusetzen. Ihre Mitarbeiter und sich selbst kontrollieren Sie durch wöchentliche Projektlisten. Ihre Prioritäten stehen fest. Wenn Not am Mann ist, handeln Sie schnell und zielbewusst. Ihr Arbeitsplatz, Ihre Telefonate, Ihre Briefe sind systematisiert. Wenn Sie morgen sterben würden, fänden Ihre Hinterbliebenen und Mitarbeiter ein geordnetes Haus vor.
Sie haben Ihre Ausgaben im Griff. Die Leute, von denen Sie umgeben sind, arbeiten Ihnen zu. Sie haben Sprachen gelernt. Wissen, wie man mit anderen Leuten spricht. Vor großem Pulikum sind Sie ein brillanter Redner.

• Stellen Sie Ihr Licht nicht unter den Scheffel

Jetzt beginnen wir ein neues und gleichzeitig abschließendes Programm: Sie verkaufen sich selbst.
Das ist nicht so schwierig, wie es klingt. Sich selbst verkaufen heißt eigentlich nur, auf andere einen guten Eindruck zu machen. Heißt auch, Gelegenheiten zu suchen und Gelegenheiten zu nutzen, um andere Leute wissen zu lassen, was Sie Gutes getan haben und was Sie Gutes tun können.

Wenn Sie unter Leuten sind, sind Sie auf der Bühne. Achten Sie als Erstes auf Ihre Kleidung: Anzug, Kostüm und Schuhe sollten von guter Qualität sein. Das muss nicht die neueste Mode sein. Das muss nicht jeden Tag etwas anderes sein. Aber immer vom Feinsten. Yamamoto, Armani für Männer. Gucci, Chanel für Frauen.
Ich persönlich empfehle den eigenen Schneider; handgemachte Schuhe; schwarz; sauber auch am Absatz. Das ist eine Investition in die Zukunft.

Als nächstes schaffen Sie sich ein persönliches Public Relations Programm. Bringen Sie Freunde, Kollegen und Nachbarn dazu, von Ihnen ein Loblied zu singen. Die Leute mögen es, wenn sie über wichtige, bedeutende Freunde reden können. Ihr Erfolg lässt auch Ihre Freunde scheinen. Seien Sie jedoch bescheiden. Nicht aufdringlich. Nur wenn der richtige Moment gekommen ist, reden Sie von Ihren Erfolgen.
Helfen Sie anderen Leuten, ihre Ziele zu erreichen. Analysieren Sie sich selbst. Bauen Sie Ihre guten Eigenschaften aus. Eliminieren Sie die schlechten. Seien Sie begeistert. Gewinnen Sie neue Freunde. Pflegen Sie diese Freundschaften und auch die alten.

Der frühere amerikanische Präsident Bill Clinton hat einmal erzählt, dass er für alle Menschen, die er kennen lernt, eine kleine Karteikarte anlegt. Dort sind alle Daten und Besonderheiten des neuen Bekannten aufgezeichnet. Sie können auch auf der Rückseite der Visitenkarte Ihrer neuen Bekannten wichtige Informationen, wie Geburtstage oder das Datum Ihres ersten Treffens mit dieser Person verzeichnen. Das spricht für Sie, wenn Sie gelegentlich sagen können, wir haben uns am 6. Januar 1995 kennen gelernt.
Bitten Sie andere um Hilfe. Die Leute mögen das, wenn sie helfen können.
Werden Sie unentbehrlich. Ich habe in meinem Berufsleben immer wieder gesehen, dass die Leute am meisten geschätzt wurden, die besondere Dinge getan haben. Wenn es eine Arbeit in Ihrer Abteilung gibt, die niemand gerne macht, tun Sie das. Kollegen sind in Zeitnot mit einem Projekt? Springen Sie helfend ein. Auch wenn Sie das Ihren Feierabend kostet. Arbeiten Sie härter, wenn der Chef im Urlaub ist. Er merkt das, wenn er zurückkommt.
Die meisten Leute tun das Gegenteil.
Lassen Sie Ihren Vorgesetzten eine gute Figur machen. Das tun Sie am besten, wenn Sie Ihre eigene Arbeit gut und sorgfältig erledigen. Wenn Ihr Vorgesetzter etwas Gutes getan hat, sei es ein Projekt allgemein oder Ihnen gegenüber, reden Sie davon. Erzählen Sie es anderen. Das muss natürlich aufrichtig sein. Wenn Sie sich nur anbiedern wollen, dann wird das schnell entdeckt.
Loben Sie auch Ihre Angestellten. Zum Beispiel gegenüber Ihren Vorgesetzten, oder gegenüber wichtigen Personen außerhalb Ihres Unternehmens. Während meiner Zeit in Moskau hatte ich einmal ein bedeutendes, positives Erlebnis, das ich meinem damaligen Auftraggeber, einem bekannten deutschen

Unternehmer, zu verdanken hatte. Die Geschichte ist folgende: Nach seiner Wahl zum Bundeskanzler im Herbst 1998 absolvierte Gerhard Schröder seinen Antrittsbesuch bei Jeltzin in Moskau. Im Terminkalender stand auch ein Treffen mit dem Verband der Deutschen Wirtschaft in Russland. Das Treffen fand im großen Konferenzsaal des Hotels Kempinski statt. Dreißig Geschäftsführer der wichtigsten deutschen Unternehmen waren eingeladen. Darunter die Creme de la Creme. Auch ich. Sechs von uns durften eine Rede halten. Ich war bei diesem engeren Redekreis auch dabei. Der Bundeskanzler hat zunächst mit klugen Worten sein Verhältnis zu Russland erklärt. Dann hat er mit Interesse den Reden der verschiedenen Topmanager zugehört. Ohne Kommentar. Als ich meine Rede begann und mich zunächst vorstellte, hat Schröder den Kopf gehoben. Er sagte mit lauter Stimme: Ich kenne Sie. Ich habe schon viel von Ihnen gehört. Das läuft einem wie Honig durch den Hals. Stellen Sie sich auch vor, welches Image mir das im Kreise der Teilnehmer geschaffen hat. Und das alles nur, weil mein damaliger Vorgesetzter bei einem Gespräch mit dem damals neuen Bundeskanzler seinen Geschäftsführer in Osteuropa über den grünen Klee gelobt hatte.

Seien Sie niemals angeberisch. Drängen Sie sich nicht vor. Aber seien Sie auch nicht zu bescheiden. Sie sind schließlich wer. Das kann ruhig jeder wissen.

FAZIT: **Pflegen Sie Ihr Image.**